全国外经贸高等院校核心教材

企业会计实训教程

（2015年版）

主　编　王　月

副主编　张　媛

中国商务出版社

图书在版编目（CIP）数据

企业会计实训教程：2015年版／王月主编. —3版
. —北京：中国商务出版社，2015.3（2017.1重印）
全国外经贸高等院校核心教材
ISBN 978-7-5103-1246-5

Ⅰ. ①企… Ⅱ. ①王… Ⅲ. ①企业管理—会计—高等
学校—教材 Ⅳ. ①F275.2

中国版本图书馆 CIP 数据核字（2015）第 059213 号

全国外经贸高等院校核心教材
企业会计实训教程（2015年版）
QIYE KUAIJI SHIXUN JIAOCHENG

主　编　王　月

副主编　张　媛

出　版：中国商务出版社
发　行：北京中商图出版物发行有限责任公司
社　址：北京市东城区安定门外大街东后巷 28 号
邮　编：100710
电　话：010—64269744　64218072（编辑一室）
　　　　010—64266119（发行部）
　　　　010—64263201（零售、邮购）
网　址：http://www.cctpress.com
网　店：http://cctpress.taobao.com
邮　箱：cctp@cctpress.com　bjys@cctpress.com
照　排：北京开和文化传播中心
印　刷：廊坊市蓝海德彩印有限公司
开　本：787 毫米×1092 毫米　1/16
印　张：23　字　数：545 千字
版　次：2015 年 5 月第 1 版　2017 年 1 月第 2 次印刷

书　号：ISBN 978-7-5103-1246-5
定　价：40.00 元

前　　言

　　会计学是一门实践性、操作性很强的学科，"干中学"是一种非常有效的人才培养方法。为了能够培养满足社会需要的应用型会计人才，如何做到教学过程与生产过程（企业实践）对接非常重要。虽然"顶岗实习"是非常有效的途径之一，但为了达到学生在"顶岗实习"时就能迅速上手的目的，对在校学生进行仿真会计实践教学十分重要，而要保证高质量的实践教学，就必须有一套完全与实际工作相吻合的会计模拟实验教材。

　　正是基于这样的目的，我们组织编写了本实验教材。希望能让在校学生在理解会计专业理论知识的基础上，更好地掌握会计实务操作技能，实现学校会计教学与企业会计实际工作的无缝对接。

　　本实验教材是我们在对企业的会计实务内容做了大量调研的基础上，进行系统的组织和加工后撰写而成的，有关业务均来自于企业的实际经济业务。具体而言，本书有以下几个方面的特色：

　　1. 实验设计的真实性。为了达到真实反映企业实践的目的，所有有关业务均来自于企业的实际经济业务。编写组成员在对有关企业的相关业务进行记录的基础上，根据知识的系统性而做了适当整理。

　　2. 现代服务业业务充实。随着现代服务业的发展和在国民经济中比重的增加，许多学生毕业后从事了现代服务业的工作，而以往会计实训中对工业企业的偏重较大，现代服务业的章节较少。为此，在本书中专门加大了现代服务业的会计实训内容，如房地产企业、物流企业、商贸企业、酒店。

　　3. 经济业务的完整性和特色性兼顾。在经济业务的选取中，既包括了目前企业最基本、最常见的业务，也包括了各行业所特有的业务。在分行业的章节中，特别突出了该行业的特殊业务。

　　在本实验教材的撰写过程中，我们得到了辽宁对外经贸学院领导的大力支持，也得到了会计师事务所的全力帮助，以及辽宁对外经贸学院会计学院全体老师和许多同学的辛勤努力，在此谨向他们表示衷心的感谢！

　　本书由王月、张媛、陈占夺、姜以尊、齐圆圆、王玉镯、吴媛等编写，由王月担任主编，张媛担任副主编，吕红军博士主审。

　　本书在编写过程中，参考了相关作者的成果，在此深表谢意。另外由于编者水平有限，书中难免存在纰漏之处，恳请广大读者批评指正。

编　者

2014 年 12 月

目　录

上篇　工业企业会计模拟实训

下篇　现代服务业企业会计模拟实训

上　篇　工业企业会计模拟实训

第一章

会计模拟实训总论

 **本章导读** ★

模拟实训是培养学生的动手操作能力，促进学生熟悉企业实际业务流程、巩固理论知识、掌握实务操作能力的一种实践教学方法。本章主要提出了企业会计手工模拟实训的目的、程序与要求、组织，以及模拟实训的操作规范与考核标准，使学生在实训前熟悉并掌握实训的整体要求。

实训目标 ★

本章重点要求学生在了解企业会计手工模拟实训的目的基础上，熟悉手工模拟实训的操作程序与要求，并了解不同会计岗位的具体职责要求，熟悉并掌握会计书写规范。

第一节 概　述

一、实训的目的

模拟实训是以仿真的各类单据和会计凭证、真实的账簿和会计报表为载体，通过模拟业务程序的操作，培养学生的动手能力，使其熟悉实际业务流程、巩固理论知识、掌握基本账务处理能力的一种实践教学方法。

通过综合模拟实训的操作，学生能比较系统地实践工业企业会计核算的基本程序和具体方法，加强学生对所学专业理论知识的理解，培养学生实践操作能力，提高运用会计基本技能的水平。

全部实训突出综合性、完整性，是以某工业公司为例，设计了从建账到日常会计核算、计算产品成本、计算利润并进行利润分配到最后编制会计报表全部过程的会计资料。通过实践操作，学生能掌握填制和审核原始凭证、记账凭证，登记账簿、成本计算、税金计算和编制会计报表的全部会计工作的技能和方法。

这套实训资料涵盖了出纳员、存货会计、成本会计、销售会计等会计岗位的具体工作内容，要求按岗逐一研究分析，亲自动手操作，使学生对工业企业的会计核算全过程有一个比较系统、完整的认识，最终达到会计理论和方法融会贯通的目的。

二、实训的程序与要求

（一）实训程序

1. 选择好各种格式的账页，根据 2014 年 12 月 1 日有关账户期初余额逐笔过入各日记账、明细账及总账中，并认真核对，防止过账错误。

2. 根据 2014 年 12 月份的经济业务要求和提示，编制原始凭证或验收识别外来原始凭证，并根据审核无误的原始凭证编制记账凭证。

3. 根据审核无误的收款凭证和付款凭证登记现金日记账和银行存款日记账。

4. 根据审核无误的记账凭证登记各种明细分类账。

5. 根据需要选择科目汇总表核算程序或汇总记账凭证核算程序，将审核无误的记账凭证，按总账科目每 15 天汇总一次，编制科目汇总表（"汇总记账凭证"）。

6. 根据科目汇总表（"汇总记账凭证"）登记各种总分类账。

7. 全部经济业务入账后，期末结算各账户的本期发生额和期末余额。

8. 根据账簿记录以及凭证内容进行对账，做到"账证相符"、"账账相符"。

9. 期末进行账项调整与成本计算。

10. 根据总分类账和明细账中的相关资料，编制 2014 年 12 月份财务报表。

（二）实训要求

1. 总体要求

（1）模拟实际工作中，企业会计部门根据会计核算的程序、方法及其所使用的账、证、表来组织会计模拟实训，使其更具有真实感。

（2）实施会计模拟实训时，必须按照制度规定用蓝、黑墨水填制凭证、登记账簿和编制报表，不得随意用红笔记录。

（3）会计数码的书写要符合要求，发现登账、结转和结账过程中有记账错误，必须用正确的方法予以更正。

（4）模拟实训实际操作结束后，应按实训考核规定和标准进行对照检查。

2. 具体要求

在组织会计模拟实训时，针对两种不同的实训方式，即单人全过程综合实训和分岗轮换操作实训，提出不同要求。

（1）单人全过程综合实训要求

要求每个学生把全部经济业务按实际会计工作的要求，独立地操作一遍，最终把账、证资料装订成册，写出实训报告。

（2）分岗轮换操作实训要求

要求在不同岗位实训的学生必须熟悉自己岗位的职责及分管的经济业务范围、内容和操作方法，同时注意各岗位人员之间的配合与协作，按期完成实训任务。在分岗实训中，对指导老师及实训学生的要求相对较高，指导老师要切实负起实训的指导责任，认真组织完成各项实训要求，严格岗位分工及岗位轮换。

三、实训的组织

为保证学生实训操作的顺利进行，在组织实训时，指导老师应在熟悉教材内容的基础上，根据学生的不同情况，有所侧重地组织实训操作。

1. 实训内容上的组织

作为会计专业的学生，必须加强各个会计工作岗位的实际业务的操作能力。在实训时，所有各岗位的单项会计核算的业务和综合处理业务均应独立完成。

2. 实训程序和方法上的组织

在实训开始时，由指导老师提出实训目的、要求，强调重点、难点及在实训中应该注意的问题，然后由学生根据教材所提供的有关资料和业务进行实际操作。要求每个学生逐岗位地将经济业务进行实际操作练习，以提高学生的实践能力。

3. 实训结束后的组织

实训结束后，要求每位学生形成一套完整的会计核算资料，即若干册装订好的记账凭证、账册、报表及一份实训分析报告，根据开展手工模拟实训的具体情况及学生完成实训的质量和工作量，参考手工实训考核标准评定实训成绩。

第二节　会计岗位设置

一、设置会计工作岗位的意义

会计工作岗位，是对一个单位的会计工作进行具体分工而设置的各个职能岗位。在会计机构内部设置会计工作岗位，有利于明确分工和确定各个岗位的职责；有利于会计人员钻研业务，提高工作效率和质量；有利于会计工作的程序化和规范化，加强会计基础工作；有利于加强会计管理职能，提高会计工作的效率。

二、设置会计工作岗位的原则

1. 根据本单位会计业务的需求

各单位应当根据会计业务需要设置会计工作岗位。由于各单位所属行业的性质、自身的规模、业务内容和数量以及会计核算与管理的要求等的不同，会计工作岗位的设置条件和要求也不相同。在设置会计工作岗位时，必须结合单位的实际情况，有的分设，有的合并，有的不设，以满足会计业务需要为原则。

2. 符合内部牵制制度的要求

会计工作岗位，可以一人一岗、一人多岗或者一岗多人。但出纳人员不得监管稽核、会计档案保管和收入、费用、债权债务账目的登记工作。

从多年来税收检查、审计和跨级工作秩序整顿中暴露出来的问题看，不少单位在会计工作岗位设置上存在岗位职责不清、人浮于事、手续混乱等问题；在一些小型经济组织中，会计、出纳一人兼职，或者出纳与财物保管一人兼任，为徇私舞弊或贪污挪用等违法乱纪行为留下了可乘之机，隐患甚大，造成损失的也已不在少数。这是很值得各单位重视和吸引为戒的。

3. 有利于会计人员全面熟悉业务

设置会计工作岗位有利于会计人员全面熟悉业务，不断提高业务素质。会计人员的会计工作岗位应当有计划地经行轮换，这样做不仅可以激励会计人员不断进取，改进工作，而且也在一定程度上有助于防止违法乱纪，保护会计人员。

三、企业应设置的具体会计岗位

企业应根据自身模拟大小、业务量多少等具体情况设置会计岗位。一般大中型企业应设置会计主管、出纳、固定资产核算、材料物资核算、工资核算、成本核算、收入核算、利润核算、资金核算、总账报表和稽核等会计岗位。

小型企业因业务量较少，应适当合并减少岗位设置。具体可设置出纳、总账报表和明细分类核算等会计岗位。

四、各会计岗位的具体职责

（一）会计主管岗位职责

会计主管岗位的职责一般包括以下内容。

1. 领导单位财务会计工作。
2. 组织制定、贯彻执行本单位的财务会计制度。
3. 组织编制本单位的各项财务、成本计划。
4. 组织开展财务成本分析。
5. 审查或参与草拟经济合同、协议及其他经济文件。
6. 参加生产经营管理会议，参与经营决策。
7. 负责向本单位领导、职工代表大会报告财务状况和经济成果。
8. 审查对外报送的财务会计报告。
9. 负责组织会计人员的政治理论、业务技术的学习和考核，参与会计人员的任免和调动。

（二）出纳岗位职责

出纳岗位的职责一般包括以下内容。

1. 办理现金收付和结算业务。
2. 登记现金和银行存款日记账。
3. 保管库存现金和各种有价证券。
4. 保管有关印章、空白收据和空白支票。

（三）固定资产核算岗位职责

固定资产核算岗的职责一般包括以下内容。

1. 会同有关部门拟定固定资产的核算与管理办法。
2. 参与编制固定资产更新改造和大修理计划。
3. 负责固定资产的明细结算和有关报表的编制。

4. 计算提取固定资产折旧和大修理资金。

5. 参与固定资产的清理盘点。

（四）材料物资核算岗位职责

材料物资核算岗位的职责一般包括以下内容。

1. 会同有关部分拟定材料物资的核算与管理方法。

2. 审查汇编材料物资的采购资金计划。

3. 负责材料物资的明细核算。

4. 会同有关部门编制材料物资计划成本目录。

5. 参与材料物资的清查盘点。

（五）库存商品核算岗位职责

库存商品核算岗位职责一般包括以下内容。

1. 负责库存商品的明细分类核算。

2. 会同有关部分编制库存商品计划成本目录。

3. 配合有关部门制定库存商品的最低、最高限额。

4. 参与库存商品的清查盘点。

（六）工资核算岗位职责

工资核算岗位职责一般包括以下内容。

1. 监督工资基金的使用。

2. 审核发放工资、奖金。

3. 负责工资的明细核算。

4. 负责工资分配的核算。

5. 集体应付福利费和工会经费等费用。

（七）成本核算岗位职责

成本核算岗位职责一般包括以下内容。

1. 拟定成本核算方法。

2. 制订成本费用计划。

3. 负责成本管理的基础工作。

4. 核算产品成本和期间费用。

5. 编制成本费用报表并进行分析。

6. 协助管理在产品和自制半成品结存情况。

（八）收入、利润核算岗位的职责

收入、利润核算岗位的职责一般包括以下内容。

1. 负责编制收入、利润计划。

2. 办理销售款项结算业务。

3. 负责收入和利润的明细核算。

4. 负责利润分配的明细核算。

5. 编制收入和利润报表。

6. 协助有关部门对产成品进行清查盘点。

（九）资金核算岗位职责

资金核算岗位职责一般包括以下内容。

1. 拟定资金管理和核算方法。

2. 编制资金收支计划。

3. 负责资金调度。

4. 负责资金筹集的明细分类核算。

5. 负责企业各项投资的明细分类核算。

（十）往来结算岗位职责

往来结算岗位职责一般包括以下内容。

1. 建立往来账项结算手续制度。

2. 办理往来款项的结算业务。

3. 负责往来款项结算的明细核算。

（十一）总账报表岗位职责

总账报表岗位职责一般包括以下内容。

1. 负责登记总账。

2. 负责编制资产负债表、利润表、现金流量表等有关财务会计报表。

3. 负责管理会计凭证和财务会计报表。

（十二）稽核岗位职责

稽核岗位职责一般包括以下内容。

1. 审查财务成本计划。

2. 审查各项财务收支。

3. 复核会计凭证和财务会计报表。

第三节　会计工作书写规范

一、会计书写基本规范

会计书写规范是指会计工作人员，在经济业务活动的记录过程中，对接触的数码和文字的一种规范化书写以及书写方法。会计工作离不开书写，没有规范的书写就没有会计工作质量。书写规范也是衡量一个会计工作人员素质高低的标准。

一个合格的会计人员，首先书写应当规范，这样才能正确、清晰地书写计算结果，为决策提供准确、可靠的会计信息，更好地为经济决策服务。会计书写的内容包括阿拉伯数码的书写、数字大写以及汉字书写三个部分。

会计书写基本规范的一般原则如下。

1. 正确

正确是指对业务发生过程中的数字和文字要准确、完整地记录下来，这是书写的基本前提。只有对所发生的经纪业务正确地反映出其发生的全过程及结果，书写才有意义。

2. 规范

规范是对有关经济活动的记录书写一定要符合财会法规和会计制度的各项规定。无论是记账、核算、分析，还是编制报表，都是书写规范、数字准确、文字适当、分析有理。要严格按书写格式书写，文字以国务院公布的简化汉字为准确，数码字按规范要求书写。

3. 清晰

清晰是指字迹清楚，容易辨认，账目条理清晰，使人一目了然，无模糊不清之感。

4. 整洁

整洁是指账面干净、清洁，文字、数码字、表格条理清晰，整齐分明。书写字迹端正，大小均匀，无参差不齐及涂改现象。

5. 美观

美观是指书写除准确、规范、整洁外，还要尽量使结构安排合理，自然流畅、大方，给人以美感。

会计工作人员一般都要有两枚名章，一枚为方形姓名章，用于原始凭证、记账凭证、会计报表等指定位置的签章；另一枚为小长方形姓名章，用于更正数字。在凭证、账簿、报表上盖名章时，一般用红色印油；在各种会计资料上签名时，要签姓名全称。

二、数字书写规范

阿拉伯数字书写规范是指要符合手写体的规范要求。阿拉伯数字是世界各国的通用数字，书写的顺序是由高到低，从左到右依次写出数字。数字书写的要求如下：

1. 高度

每个数字要紧贴底线书写。其高度占全格的一半，除了6、7、9外，其他数字高低要一致。6的上端比其他数字高出1/4。

2. 角度

各数字的倾斜度要一致，一般要求上端向右倾斜60°。

3. 间距

每个数字要大小一致，数字排列应保持同等距离，每个字上下左右要对齐。在印有竖线的凭证、账簿、报表上，每一格只能一个数字，不得几个字挤在一个格里，也不得在数字中间留有空格。

三、文字书写规范

文字书写是指汉字书写。与经济业务活动相联系是文字书写，包括数字是大写和企业名称、会计科目、费用项目、商品类别、计量单位以及摘要、财务分析报表等的书写。

（一）文字书写的基本要求

1. 简明扼要准确

简明扼要准确是指用简要的文字把经济业务发生的内容记叙清楚，在有格限的情况下，文字数目多少，要以写满但不超出该栏格为限。会计科目要写全称，不能简化，子、细目要准确，符合会计制度的规定。不能使用表述不清、记叙不准的语句或文字。

2. 字迹工整清晰

字迹工整清晰是指书写时用正楷或行书，不能用草书；不宜过大，一般上下要留空隙，也不宜过小；不能过于稠密，要适当留字距；不能写得大小不一。

3. 中文大写数字的写法

中文大写数字是用于填写需要防止涂改的销货发票、银行结算凭证、收据等，因此在书写时不能写错。如果写错，则本张凭证作废，重新填制凭证。

（二）数字大写的基本要求

大写金额前要冠以"人民币"字样，"人民币"与金额首位数字间不留空位，数字之间跟不能留空位，写数与读数顺序要一致。

人民币以元为单位，元后无角、分的需要写"整"字。如果到分为止，分后不写"整"字。

金额数字中间连续几个 0，可只写一个"零"字。如 ￥500.70 元，应写作人民币伍佰元零柒角整。

表示位的文字前必须有数字，如 10 元应写作"壹拾元整"。

本 章 小 结

1. 企业会计实训是在学习财务会计、成本会计等相关课程的基础上，通过模拟操作企业会计业务账务处理的各个实践环节，加强学生对所学专业理论知识的理解，培养学生实践操作能力，提高运用会计基本技能的水平的一种有效的教学方法。

2. 本章在提出了企业会计手工模拟实训的任务、程序与要求、组织的基础上，明确各会计岗位职责要求，了解会计工作书写规范，使学生在实训前熟悉并掌握实训的岗位要求，能够有的放矢地进行实训。

3. 实训前应做好会计实训资料的准备工作：包括准备实训资料、学习相关会计法规制度，如《会计基础工作规范》和《支付结算办法》；对财务会计和成本会计的基本理论与方法，应做必要的复习。

关键名词或概念

模拟实训　　会计核算组织程序　　会计岗位职责　　会计书写规范

思 考 题

1. 企业会计模拟实训的任务是什么？
2. 企业会计模拟实训的程序是什么？
3. 企业会计模拟实训有哪些要求？
4. 企业会计应设置哪些岗位？各会计岗位的具体职责是什么？
5. 会计数字书写规范有哪些要求？
6. 会计文字书写规范有哪些要求？

第二章

工业企业会计模拟实训

 **本章导读** ★

　　制造业企业是以产品的生产和销售为基本业务活动的经济组织，与其他企业相比，其业务活动内容更加纷繁复杂，会计操作流程体系亦相对完整，在国民经济体系中占有重要地位，学生掌握制造业企业的会计核算流程与核算方法至关重要。本章以制造业企业作为模拟实训企业的蓝本，介绍其企业类型和组织结构、财务制度与内部会计核算办法之后，给出了模拟实训企业 2014 年 12 月份建账资料和其日常生产经营活动所涉及的全部经济业务的原始凭证，学生可以运用所学会计理论知识对这些经济业务进行必要的会计核算，巩固所学的理论知识，提高学生的实践技能。

实训目标 ★

　　本章重点是要求学生在了解模拟实训企业的背景资料，熟悉其内部会计核算方法之后，掌握完整系统的会计核算流程，包括从建账，填制和审核原始凭证、记账凭证，到登记账簿、成本计算，再到编制会计报表，通过一系列的综合业务实训使学生掌握工业企业手工会计核算的处理方法。

第一节　模拟实训企业背景资料

一、企业类型、注册资金、经营范围

企业名称：滨海市新世纪工业公司

企业类型：一般生产加工型企业

法人代表：王宏

经营地址：滨海市中山区淮北路 89 号

注册资金：420 万元，其中：甲股东占 60%，乙股东占 40%

经营范围：主营生产销售甲、乙、丙三种产品

开户银行：滨海市建设银行长星分理处，账号为253888

纳税人识别号：210504458963214

二、内部组织和机构设置

机构设置见图2-1。

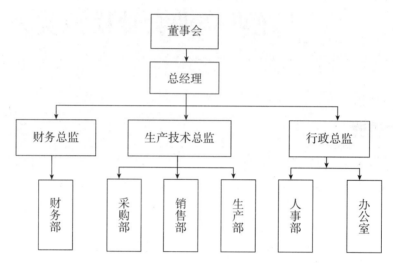

图2-1　滨海市新世纪工业公司机构设置示意图

三、财务部岗位设置和工作职责

（一）财务部岗位设置

财务部岗位设置见图2-2。

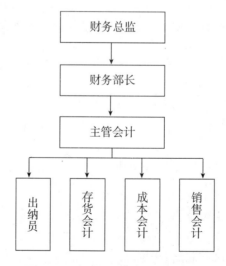

图2-2　会计工作组织机构示意图

（二）各会计岗位具体工作职责

1. 财务部部长的主要职责

（1）协助会计机构负责人（财务总监）组织会计工作。

（2）审核财务收支计划和成本计划。

（3）审核银行存款余额调节表，不定期核对现金实际库存与现金盘存日报表的数字。

（4）复核会计凭证和账簿的记录，保证账证、账账和账实相符。

（5）复核会计报表，保证其准确性。

（6）负责各种借款的筹借及按时归还。

2. 总账报表（主管会计）工作岗位的主要职责

（1）会同有关部门制定股本的管理与核算办法。

（2）负责记账凭证的汇总和登记总分类账，以及不属于其他各岗明细账的登记工作。

（3）负责结账、对账，编制资产负债表、利润表、现金流量表及有关附表。

（4）负责有关传阅文件主要内容的记录，以及发给本部门文件的保管工作。

（5）负责会计档案送交档案室前的保管工作。

（6）负责固定资产的管理与核算。

3. 出纳会计工作岗位的主要职责

（1）会同有关部门制定现金、银行存款、债券及长短期借款的管理及核算办法。

（2）负责各种借款利息的计算预提等。

（3）贯彻现金管理制度，把好现金收支关。

（4）负责登记现金及银行存款日记账，并做到日清月结。

（5）每日核对库存现金并填报"库存现金日报表"；收到银行存款对账单时，及时编制"银行存款余额调节表"与银行对账，并交稽核员稽核，以保证货币资金的安全完整。

（6）银行存款支票及印鉴必须分两人保管。

（7）各种新旧发票的妥善保管。

（8）负责发放工资与奖金。

4. 存货会计工作岗位的主要职责

（1）会同有关部门制定存货管理与核算办法。

（2）参与制定材料的计划成本和消耗定额。

（3）计算材料的实际采购成本，控制采购费用，分析材料成本差异，审核材料采购计划。

（4）负责登记材料采购、材料成本差异等明细账及汇总材料二级账；稽核设在各材料仓库的材料明细账，编制发出材料汇总表，并负责应付账款的结算、清理及明细账的登记工作。

（5）参与材料的清查盘点等工作。

（6）协助使用部门对低值易耗品的领用和报废进行登记；对出租（出借）包装物，要按规定收取租金和押金；对低值易耗品、包装物和委托加工材料进行总分类核算和明细核算。

（7）负责自制半成品、产成品的总分类核算和明细核算。

5. 成本会计工作岗位的主要职责

（1）会同有关部门制定成本管理与核算办法。

（2）参与编制成本费用计划并分析其执行情况。

（3）计算产品生产成本，控制各项费用支出。

（4）负责登记有关生产成本、制造费用、管理费用、库存商品等明细账，编制成本和费用报表。

（5）指导车间的成本核算，参与在产品、自制半成品的清查和盘点。

（6）会同有关部门制定库存商品的管理与核算办法。

（7）负责工资的管理与核算并计提职工福利费。

6. 销售会计工作岗位的主要职责

（1）参与编制销售计划、其他业务收支计划和利润税费等计划，并监督其执行情况。

（2）负责登记主营业务收入、主营业务成本、销售费用、营业税金及附加和本年利润等明细账，以及发出商品的有关记录，并负责应收账款的结算和税费的缴纳。

（3）计算营业成本，控制销售费用和营业外支出。

（4）参与库存商品的清查盘点，并对库存情况进行分析。

四、企业内部会计核算方法

（一）流动资产部分

1. 加强库存现金管理，不允许"坐支"。

2. 备用金管理采用"随借随用、用后报销"的方法。

3. 坏账准备金，按应收账款余额百分法计提，计提比率为1%。

4. 原材料按实际成本进行日常核算，发出材料单价的确定采用先进先出法。

5. 产成品收发核算按实际成本计价。本月入库产成品的实际成本于月终根据"产品成本计算单"一次结转；本月发出产成品的实际单位成本按先进先出法计算。"生产成本"账户归集的生产费用，在完工产品和在产品之间按约当产量法进行分配，且材料费用一次集中投入，在产品应负担的加工费用，加工完工程度为50%均衡加工。

（二）固定资产部分

1. 固定资产的折旧。除电子设备采用年数总和法计提折旧外，其他固定资产均采用直线法计提折旧。

2. 固定资产的修理费用，直接记入当期损益。

（三）产品成本核算部分

为进行产品成本的总分类核算，企业应设置"生产成本"、"制造费用"总账科目。"生产成本"总账科目下设"基本生产成本"、"辅助生产成本"二级科目，"基本生产成本"按产品品种分设明细账。"辅助生产成本"按车队和机修两个辅助生产车间分别归集成本。

（四）税（费）部分

1. 增值税

本企业为增值税一般纳税人，适用增值税税率为17%。

2. 企业所得税

本企业适用所得税税率为25％。

3. 其他税费

城建税及教育费附加，以企业实际应缴纳的增值税的合计数为税基，税率分别为7％、3％，按月计算并缴纳。

（五）利润分配部分

本企业每年年末按税后利润的10％和5％计提法定盈余公积、任意盈余公积。

第二节　模拟实训资料

一、建账资料

（一）新世纪工业公司2014年12月份各总账账户期初余额如下：

新世纪工业公司总账期初余额

单位：元

资产类账户	借方余额	贷方余额	负债及权益类账户	借方余额	贷方余额
1　库存现金	7 733		13　短期借款		240 000
2　银行存款	657 346		14　应付账款		84 000
3　应收账款	480 000		15　应付票据		200 000
5　其他应收款	800		16　应付职工薪酬		185 000
6　坏账准备		4 800	17　应交税费		287 200
7　原材料	1 022 100				
8　周转材料	35 000		18　长期借款		3 020 000
9　生产成本	135 035				
10　库存商品	1 536 500		19　实收资本		4 200 000
11　长期股权投资	425 000		20　资本公积		380 000
12　固定资产	7 600 000		21　盈余公积		270 000
13　累计折旧		1 509 714	22　本年利润		1 390 000
14　递延所得税资产	1 200		23　利润分配		130 000
合　计	10 386 200		合　计		10 386 200

（二）新世纪工业公司2014年12月份有关明细账期初余额资料：

1. 应收账款480 000元：为应收中原机床厂丙产品货款400 000元；应收沈阳轴承厂乙产品货款55 000元，应收贵州石化公司甲产品货款25 000元。

2. 其他应收款为王丰出差借款800元。

3. 原材料 1 022 100 元。具体明细见下表。

原材料期初余额表

单位：元

材料名称	计量单位	单位成本	数量	金额
A 材料	公斤	35	10 000	350 000
B 材料	公斤	12	40 000	480 000
C 材料	件	140	1 100	154 000
D 材料	公斤	56	300	16 800
汽油	公斤	7	1000	7 000
辅助材料				14 300
合计				1 022 100

4. 周转材料 35 000 元。具体明细见下表。

周转材料期初余额表

单位：元

品名	单位	数量	单价	金额
木箱	个	1 000	15	15 000
塑料桶	个	700	4	2 800
一般工具				7 600
专用工具				7 160
其他				2 440
合计				35 000

5. 生产成本 135 035 元。具体明细见下表。

月初生产成本明细表

单位：元

产品品种	直接材料	直接人工	制造费用	合 计
甲产品	17 260	1 800	4 245	23 305
乙产品	37 500	25 700	16 480	79 680
丙产品	21 250	4 120	6 680	32 050
合计	76 010	31 620	27 405	135 035

6. 长期股权投资 425 000 元，为：兴万集团普通股股票 425 000 元，占该公司 25%股份。

7. 固定资产 7 600 000 元，累计折旧额 1 509 714 元。

固定资产折旧，电子设备类固定资产采用年限总和法（本年为第 2 年），其他类固定资产采用直线法，固定资产预计净残值率为 10%。

期初固定资产总值及累计折旧（表一）　　单位：元

序号	类　别	预计年限	原　值	累计折旧	净残值率
1	生产用固定资产		6 852 200	1 240 506	
2	其中：房屋	20	2 300 000	207 000	
3	机械设备	10	3 469 200	624 456	
4	电子设备	5	114 000	61 560	
5	运输设备	5	924 000	332 640	10%
6	其他设备	5	45 000	14 850	
7	非生产用固定资产	5	747 800	269 208	
8	合　计		7 600 000	1 509 714	

期初固定资产总值及累计折旧（表二）　　单位：元

序 号	类　别	原　值	使 用 单 位			
			基本车间	机修车间	管理部门	车队
1	生产用固定资产	6 852 200				
2	其中：房屋	2 300 000	2 180 000	80 000		40 000
3	机械设备	3 469 200	3 357 200	112 000		
4	电子设备	114 000	114 000			
5	运输设备	924 000				924 000
6	其他设备	45 000		45 000		
7	非生产用固定资产	747 800			747 800	
8	总　计	7 600 000	5 651 200	237 000	747 800	964 000

8. 新世纪工业公司 2014 年 12 月份产品产量资料如下：

产品产量资料表　　单位：件

产品品种	月初在产品	本月投入	本月完工	月末在产品
甲产品	200	6 500	6 400	300
乙产品	600	1 600	1 700	500
丙产品	100	2 000	2 000	100

9. 库存商品 1 536 500 元。资料如下表：

月初库存商品成本表

单位：元

产品品种	数量（件）	单位成本	总成本
甲产品	4 420	125	552 500
乙产品	3 600	200	720 000
丙产品	2 200	120	264 000
合　计			1 536 500

10. 短期借款 240 000 元，为流动资金借款。

11. 应付票据 200 000 元，为应付贵阳钢厂材料款。

12. 应付账款 84 000 元，其中洛阳五机厂 34 000 元，天津二机床厂 50 000 元。

13. 原材料入库按实际成本核算，原材料与产成品出库采用先进先出法。

14. 应交税费期初余额：增值税 250 000 元，城市维护建设税 17 500 元，教育费附加 7 500 元，个人所得税 12 200 元。

15. 长期借款 3 020 000 元，为更新改造资金借款 3 000 000 元，小型技改借款 20 000 元，每月 20 日托收借款利息，借款年利率为 6.5%。

16. 本年利润 1 390 000 元，已扣除前三季度已交的所得税 280 000 元。

17. 利润分配 130 000 元，为未分配利润。

二、2014 年 12 月份经济业务及有关原始凭证

1. 12 月 1 日，签发现金支票，出纳从开户行提现 10 000 元备用。

证表 1-1

滨海市建设银行（辽）

现金支票存根

$\frac{G}{0} \frac{S}{2}$　02365489

科　　目 _____

对方科目 _____

出票日期 2014 年 12 月 1 日

收款人：

金　额：10 000.00

用　途：提备用金

单位主管：　　会计：

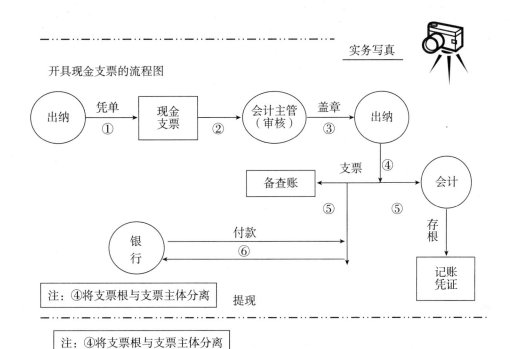

实务写真

开具现金支票的流程图

注：④将支票根与支票主体分离

2. 12 月 2 日，开出转账支票一张，支付业务宣传费 8 000 元。

证表 2-1

开具转账支票的流程图　　　　　　　　　　实务写真

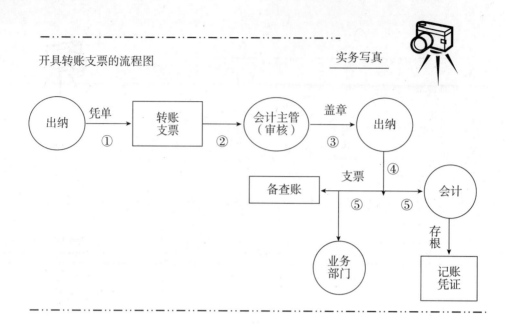

证表 2 - 2

辽宁省增值税专用发票

No 00180931

2102133170

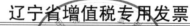

发票联

开票日期：2014 年 12 月 01 日

| 购货单位 | 名　　　称：滨海市新世纪工业公司
纳税人识别号：210211559811146
地址、电话：辽宁省大连市中山区解放路 30
号 0411 - 38808911
开户行及账号：建行长星分理处 253888 | 密码区 | 1 -4/68 * - /4080 -51 >/6 * *2 -/ + -1
59 + 110 - 28 - 60335 + < *0/ >5240 >4
25 +8 <11 *5 -6 >853 - + *497/ - * >3 <
/ >9268 >47050 * - 66037 >99 +9 <20 | | |

货物或应税劳务名称	规格型号	单位	数量	单价	金额	税率	税额
广告费					7 547.17	6%	452.83
合　计					￥7 547.17		￥452.83

价税合计（大写）	⊗捌仟圆整			（小写）￥8 000.00

| 销货单位 | 名　　　称：滨海市电视台
纳税人识别号：210211696039439
地址、电话：滨海市中山区淮北路 89 号
82984688
开户行及账号：建行五一广场分理处 563669 | 备注 | 滨海市电视台
210211696039439
发票专用章 |

收款人：　　　　复核：李明　　　　开票人：赵丽　　　　销货单位：（章）

第三联：发票联　购货方记账凭证

3. 12 月 3 日，仓库发放材料。

证表 3 - 1

新世纪工业公司领料汇总表

001 号　　发料仓库：原料库　　　　2014 年 12 月 3 日

领料单位	品名	单位	数量	单位实际成本	总价（元）	用途
一车间	A 材料	公斤	2 400	35.00	84 000.00	甲产品
一车间	B 材料	公斤	10 000	12.00	120 000.00	甲产品
汽车队	汽油	公斤	200	7.00	1 400.00	
机修车间	辅助材料	元			3 400.00	
合　计					208 800.00	

4. 12 月 4 日，按合同规定向明阳公司销售甲产品 1 000 件，单价 155 元；乙产品 1 500 件，单价 225 元。产品通过铁路部门发出，代垫运费 25 000 元，开出转账支票付讫。货款和代垫运费尚未收到。

（1）开出转账支票一张 25 000 元，支付代垫运费。

（2）已办完结算手续。

证表 4 - 1

辽宁省增值税专用发票　　　　　№ 00221213

2700032561　　　　　　　　记账联　　　　　开票日期：2014 年 12 月 4 日

购货单位	名　　称：明阳公司 纳税人识别号：510228512387020 地　址、电　话：抚顺市建外大街18号2365852 开户行及账号：工行建外支行 52388652103	密码区	43663 + 123 - / * 4412　加密版本：01 56 / 4512222445111　270032561 5444 + //12347777//　00221213 123 * / - 7//23 〈12312

货物或应税劳务名称	规格型号	单位	数量	单价	金额	税率	税额
甲产品		件	1 000	155	155 000.00	17%	26 350.00
乙产品		件	1 500	225	337 500.00	17%	57 375.00

价税合计（大写）	⊗伍拾柒万陆仟贰佰贰拾伍元零角零分　　　（小写）￥576 225.00

销货单位	名　　称：滨海市新世纪工业公司 纳税人识别号：210504458963214 地　址、电　话：滨海市中山区淮北路89号 82984688 开户行及账号：建行长星分理处 253888	备注	滨海市新世纪工业公司 发票专用章 210504458963214

收款人：　　　复核：　　　　　开票人：　　　　　销货单位：（章）

证表 4 – 2

滨海市建设银行（辽）

转账支票存 根

$\frac{G}{0}$ $\frac{S}{2}$ 06523215

科　　目 _____

对方科目 _____

出票日期 2014 年 12 月 4 日

收款人：
金　额：25 000.00
用　途：代垫运费

单位主管：　　　　会计：

证表 4 – 3

辽宁省铁路局

货　票

计划号码及运输号码

货物运到期限　　　　　日　　　　　2014 年 12 月 4 日　　　　　No002356

发站		河西站	到站（局）	光明站	车种车号		货车标重		铁路/发货人装车
发货人	名称	滨海市新世纪工业公司			施封号码				铁路/发货人施封
	住址	滨海市	电话	82984688	铁路货车篷布号码				
收货人	名称	明阳公司			集装箱号码				
	住址	抚顺市	电话	58458758	经由			运价里程	

货物名称	件数	包装	货物重量（公斤）		计费重量	运价率	现付	
			发货人确定	铁路确定			费别	金额
甲产品			1 000	1 000	1 000		运费	10 000.00
乙产品			1 500	1 500	1 500		运费	15 000.00
合　计								
记　事							合计	25 000.00

发站承运日期数　　　　　　　　　　　　　　经办人签章

5. 12 月 5 日，上缴 11 月份个人所得税 12 200 元。

证表 5 - 1

中国建设银行电子缴税付款凭证

转账日期：2014 年 12 月 05 日　　　　　　　　　　　凭证字号：20141205101099830

纳税人全称及纳税人识别号：滨海市新世纪工业公司 2100504458963214
付款人全称：滨海市新世纪工业公司
付款人账号：253888　　　　　征收机关名称：滨海市西井区地方税务局
付款人开户银行：中国建设银行滨海长星分理处　收款国库（银行）名称：国家金库滨海市西井区支库
小写（合计）金额：￥12 200.00　　　　缴款书交易流水号：2014120525841269
大写（合计）金额：人民币壹万贰仟贰佰元零角零分　　　税票号码：2413613988

税（费）种名称	属属时间	实缴金额
个所税	2014/11/01-2014/11/30	12 200.00
		0.00
		0.00
		0.00

第　　1　次打印　　　　　　　　　　　　　　　　　　打印日期：20141205

6. 12 月 6 日，公司从陕西大宇工厂购入 B 材料 6 000 公斤，每公斤价款 13.00 元，计 78 000 元，增值税进项税额 13 260 元，代垫运费、保险费 740 元，材料进厂验收时发现缺货 700 公斤，据查是运输部门途中事故所致，铁路货运处承诺赔偿损失 10 647 元（含进项税）。货款尚未支付。

（1）购进 B 材料货款尚未支付。

（2）B 材料验收入库 5 300 公斤。

（3）铁路承诺赔偿丢失 700 公斤价款。

证表 6 – 1

陕西省增值税专用发票

№ 00323215

4700032561

开票日期：2014 年 12 月 6 日

购货单位	名　　　称：滨海市新世纪工业公司 纳税人识别号：210504458963214 地 址、电 话：滨海市中山区淮北路 89 号码 　　　　　　82984688 开户行及账号：建行长星分理处 253888	密码区	2236634563 – ／＊4412　加密版本：01 16//4512222445111　470032561 //44 +//14447777//　00323215 +/3 ＊/ –7//23〈12312

货物或应税劳务名称	规格型号	单位	数量	单价	金额	税率	税额
B 材料		公斤	6 000	13.00	78 000.00	17%	13 260.00

价税合计（大写）	⊗玖万壹仟贰佰陆拾元零角零分　　　　　　（小写）　￥91 260.00

销货单位	名　　　称：陕西大宇厂 纳税人识别号：616735580529811 地 址、电 话：西安市创新路 110 号 65895421 开户行及账号：建行西昌支行 6921328644	备注	陕西大宇厂 发票专用章 616735580529811

收款人：　　　　　复核：　　　　　　　开票人：　　　　　销货单位：（章）

第三联：发票联 购货方记账凭证

证表 6 – 2

陕西铁路局
运输货物丢失毁损赔偿通知单

新世纪工业公司：

　　由陕西大宇工厂托运 B 材料 6 000 公斤，为你单位接收货物。在运输途中毁损 700 公斤，价值 10 647 元，依据铁路货运章程规定，予以赔偿：

　　人民币大写：壹万零陆佰肆拾柒元整　　　￥10 647.00

　　上项处理意见于 2014 年 12 月 20 日前无异议，予以转账

顺至欢意　　　　陕西铁路管理局河西站货运处（章）　　　　2014 年 12 月 6 日

证表 6 – 3

新世纪工业公司
短缺、毁损材料进项税转出计算表

2014 年 12 月 6 日

材料名称	单位	短缺数量	单价	金额	税率%	进项税转出
B 材料	公斤	700	13.00	9 100.00	17	1 547.00
合　计				9 100.00		1 547.00

主管会计　　　　　　　　　　记账　　　　　　　　　　　　制表

证表 6 – 4

新世纪工业公司材料（产品）入库单

供应单位：陕西大宇　　　　　2014 年 12 月 6 日　　　　　字第 023 号

材料类别	材料名称	规格	计量单位	数量	实收数量	单价	金　额
	B 材料		公斤	6 000	5 300	13.00	68 900.00
检验结果	合格　检验员签章：				运杂费		740.00
					合　计		69 640.00

证表 6 – 5

铁路局运费杂费收据

付款单位或姓名：陕西大宇厂　　　2014 年 12 月 6 日　　　　No 03645

原运输票据	年 月 日 第 号		办理种别	
发　　　站	通口站		到　　站	河西站
车 种 车 号				
货 物 名 称	件数	包装	重量（吨）	计费重量（吨）
B 材料			6	6
类　　别	费　率	数量	金　额	附记
运　费			700.00	
装卸费			40.00	
合计金额（大写）柒佰肆拾元整			￥740.00	
收款单位：陕西铁路局		经办人：苏宁		

7. 12 月 6 日，公司由市内生产资料公司购入 D 材料一批 500 公斤，单价 56 元，材料

进厂验收入库，货款开出转账支票。自运材料运费 80 元。

（1）开出转账支票购进 D 材料。

（2）材料验收入库。

证表 7 – 1

新世纪工业公司材料（产品）入库单

供应单位：滨海市生产资料公司　　　　2014 年 12 月 6 日　　　　　　　　　字第 024 号

材料类别	材料名称	规格	计量单位	数量	实收数量	单价	金　额
	D 材料		公斤	500	500	56.00	28 000.00
检验结果	合格　　检验员签章：			运杂费			80.00
				合　计			28 080.00

证表 7 – 2

辽宁省增值税专用发票

№ 00221215

3700032461　　　　　　　　　　　　　　　　　　　　　开票日期：2014 年 12 月 6 日

购货单位	名　　称：滨海市新世纪工业公司 纳税人识别号：210504458963214 地址、电话：滨海市中山区淮北路 89 号 　　　　　82984688 开户行及账号：建行长星分理处 253888	密码区	//36634563 – / ＊4412　加密版本：01 46//4512222445111　370032461 3444 +//14447777//　00221215 523 ＊/ – 7//23〈12312
货物或应税劳务名称 D 材料	规格型号	单位 公斤	数　量 500	单　价 56.00	金　额 28 000.00	税率 17%	税　额 4 760.00

（上表续，因版式原因此处重列完整栏目）

货物或应税劳务名称	规格型号	单位	数量	单价	金额	税率	税额
D 材料		公斤	500	56.00	28 000.00	17%	4 760.00

价税合计（大写）	⊗叁万贰仟柒佰陆拾元零角零分	（小写）￥32 760.00

销货单位	名　　称：滨海市生产资料公司 纳税人识别号：516113598002389 地址、电话：滨海市南郊街 1 号 98525487 开户行及账号：工行南郊支行 10300754826	备注	

收款人：　　　　复核：　　　　　　　开票人：　　　　　销货单位：（章）

证表 7 – 3

新世纪工业公司自运货物计费单

车号：B1253　　　　　　　　　2014 年 12 月 6 日　　　　　　　承运单位：车队

托运单位			公司采购部			收货单位		公司材料仓库			
货名	起止运地		体积重量	计费里程	货物等级	运输量 吨	费率	金额	杂费		
	起地	运地							项目	费率	金额
D 材料	东港	淮北		15		0.5	★	80.00			
合计								80.00			

证表 7 – 4

滨海市建设银行（辽）

转账支票存 根

$\dfrac{G}{0}\ \dfrac{S}{2}$　01890473

科　　目 ＿＿＿＿＿＿＿＿＿＿

对方科目 ＿＿＿＿＿＿＿＿＿＿

出票日期 2014 年 12 月 6 日

收款人：生产资料公司

金　额：32 760.00

用　途：购 D 材料

单位主管：　　　会计：

8. 12月7日，工程师王丰出差返厂报销差旅费720元，原预借800元，余款退回。

证表 8 − 1

辽财会账证 50 号

差旅费报销单

单位：机修车间

2014 年 12 月 7 日填

月	日	时间	出发地	月	日	时间	到达地	机票费	车船费	夜车补助		市内车费		宿费		出差补助		其他	合计
										小时	金额	实支	包干	标准	实支	天数	金额		
11	28								240			35			325	2	120		720
合　计							报销金额（大写）人民币：柒佰贰拾元									预借金额			800
出差任务					单位领导		部　门负责人		出差人							报销金额			720
																结余或超支			80

会计主管人员　　　　记账　　　　　　审核　　　　附单据

证表 8 − 2

非经营性收款收据

收款日期 2014 年 12 月 7 日

付款单位（交款人）	王丰	收款单位（领款人）	滨海市新世纪工业公司					收款项目		现金
人民币（大写）	捌拾元整		千	百	十	万	千 百 十 元 角 分	结算方式		
							￥ 8 0 0 0			
收款事由	借款退还					经办	部门		财务处	
							人员			
上述款项照数收讫无误。收款单位财会专用章：（领款人签名）		会计主管	现金收讫		出　纳		交款人			

第二联　给收款单位记账

9. 12 月 7 日，银行托收电话费 4 520 元。

证表 9 - 1

中国联合网络通信有限公司滨海市分公司
电信业专用发票

发票联

发票代码 221021315207

收款方纳税人识别号：210203943626164　2014 年 12 月 07 日　　发票号码 11884314

用户名称	滨海市新世纪工业公司	电话号码	0411100020014312	局编账号	
合计金额	人民币：肆仟伍佰贰拾元零角零分（大写）			￥：4520.00	
项目	月固定费：140.00；语音通话费：3 650.00；可视电话费：100.00；增值业务费：300.00；上网费：320.00 元；网元/电路租用费 10.00；一次性费用 0.00；账号：253888　交换号：5002　　　201412				

通话费周期：　　付款方式：　　收款员：　　本发票限于 2015 年 1 月 31 日前填开使用有效

10. 12 月 7 日，公司按合同向北京机械厂销售丙产品 1 000 件，不含税单价 250 元，产品通过铁路部门发出，代垫运费 1 000 元及保险费 120 元，开出转账支票付讫。

证表 10 - 1

辽宁省增值税专用发票

№ 00221216

2700032561

开票日期：2014 年 12 月 7 日

购货单位	名　称：北京机械厂 纳税人识别号：510258336041552 地址、电话：北京市翠芳西路 108 号　62542154 开户行及账号：工行西郊支行 28533205136				密码区	*3663 + 123 - / *4412　加密版本：01 56//4512222445111　270032561 //44 + //12347777//　00221216 123 * / - 7//23 〈12312		
货物或应税劳务名称	规格型号	单位	数量	单价	金额	税率	税额
丙产品		件	1 000	250.00	250 000.00	17%	42 500.00
价税合计（大写）	⊗贰拾玖万贰仟伍佰元整				（小写）￥292 500.00		
销货单位	名　称：滨海市新世纪工业公司 纳税人识别号：210504458963214 地址、电话：滨海市中山区淮北路 89 号　82984688 开户行及账号：建行长星分理处 253888				备注		

收款人：　　　复核：　　　开票人：　　　销货单位：（章）

证表 10 - 2

铁路局运费杂费收据

付款单位或姓名：滨海市新世纪工业公司　　2014 年 12 月 7 日　　　　　　No 05623

原运输票据	年　月　日　第　　号		办理种别	
发　　站	河西站		到　站	西郊站
车 种 车 号				
货物名称	件数	包装	重量（吨）	计费重量（吨）
丙产品			20	20
类　　别	费　率	数　量	金　额	附记
运　　费			920.00	
装 卸 费			80.00	
合计金额（大写）壹仟元整			￥1 000.00	
收款单位：滨海铁路局		经办人：苏宁		

证表 10 - 3

中国财产保险公司滨海分公司
国内水路、铁路货物运输保险凭证　　No 523614

本公司依照国内水路、铁路货物运输保险条款及凭证所注明的其他条件，对下列货物承保运输险：

被保险人：北京机械厂　　　　　　　　　　　　投保人：滨海市新世纪工业公司

货物运输号码	货物名称	件数数量	中转地	目的地	运输工具起运日期	保险金额	保险费		保险费
							综合险	基本险	
00523	丙产品	20 吨		西郊站	火车	250 000			120.00

复核：　　　　　　　　签章：　　　　　　　　　　　代理处：

注意事项

　　1. 综合险包括基本险。

　　2. 凡在保险费率综合险或基本险栏内填明费率的即按该险别责任。

　　3. 如遇出险请凭本凭证第四联正本连同有关原件单据报出险当地保险公司处理。

　　4. 每笔最低保费为人民币壹元。

第四联由被保险人存执

证表 10 - 4

滨海市建设银行（辽）

转账支票存 根

$\dfrac{G}{0}$　$\dfrac{S}{2}$　　01890477

科　　　目 ＿＿＿＿＿＿＿＿＿＿
对方科目 ＿＿＿＿＿＿＿＿＿＿
出票日期 2014 年 12 月 7 日

收款人：铁路

金　额：1 120.00

用　途：代垫运费保险

单位主管：　　　　会　计：

11. 12 月 8 日，仓库发出材料一批，用于生产乙产品，其中 A 材料 1 500 公斤，B 材料 16 500 公斤。

证表 11 - 1

新世纪工业公司领料汇总表

第 002 号　　发料仓库：原料库　　　　2014 年 12 月 8 日

领料单位	品名	单位	数量	单位实际成本	总价（元）	用途
一车间	A 材料	公斤	1 500			乙产品
一车间	B 材料	公斤	16 500			乙产品
合　　　计						

二、会计部

12.12月8日，基本生产车间通过滨海机械公司修理车床花费480元，费用开出转账支票付讫。

证表 12 - 1

滨海市建设银行（辽）
转账支票存 根
$\frac{G}{0} \frac{S}{2}$　01890479
科　　目 _____
对方科目 _____
出票日期 2014 年 12 月 8 日
收款人：市机械厂
金　额：480.00
用　途：车间维修设备
单位主管：　　　会计：

证表 12 - 2

辽宁省增值税专用发票

No　00180931

2102133170

发票联

开票日期：2014 年 12 月 08 日

购货单位	名　　　称：滨海市新世纪工业公司 纳税人识别号：210211559811146 地 址、电 话：辽宁省大连市中山区解放路30 号 0411 - 38808911 开户行及账号：建行长星分理处 253888	密码区	1 - 4/68 * - /4080 - 51 >/6 * * 2 - / + - 1 59 + 110 - 28 - 60335 + < * 0/ > 5240 > 4 25 + 8 < 11 * 5 - 6 > 853 - * * 497/ - * > 3 < / > 9268 > 47050 * - 66037 > 99 + 9 < 20

货物或应税劳务名称	规格型号	单位	数量	单价	金额	税率	税额
修理费			1	410.26	410.26	17%	69.74
合　计					￥410.26		￥69.74

价税合计（大写）	⊗肆佰捌拾圆整	（小写）￥480.00

销货单位	名　　　称：滨海机械公司 纳税人识别号：210211345234439 地 址、电 话：滨海市西岗区大华路89 号 82984688 开户行及账号：建行五一广场分理处 563669	备注	滨海机械公司 210211345234439 发票专用章

收款人：　　　　复核：王玉　　　　开票人：王玉　　　　销货单位：（章）

第三联：发票联 购货方记账凭证

13. 12 月 9 日，销售部门报销差旅费 5 400 元，电话费 750 元，交际应酬费 1 200 元，以库存现金支付。

证表 13 – 1

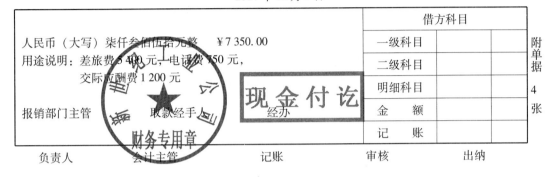

报 销 单（代付款转账凭证）

2014 年 12 月 9 日

	借方科目		附单据
人民币（大写）柒仟叁佰伍拾元整　¥7 350.00	一级科目		
用途说明：差旅费 5 400 元，电话费 750 元，	二级科目		4
交际应酬费 1 200 元	明细科目		张
	金　额		
报销部门主管　　取款经手人	记　账		

负责人	会计主管	记账	审核	出纳

14. 12 月 9 日，经理李杉公出天津，经批准预借差旅费 4 000 元，出纳开出现金支票付讫。

证表 14 – 1

借 款 单（记账）

610H　　　　　　　　2014 年 12 月 9 日　　　　　　　　007426

借款单位	*市场部	姓名	*李杉	级别	*经理	出差地点	*天津
						天数	*4
事　由	借款			金额（大写）肆仟元整			
单位负责人签署	张斌	借款人签章			一、有*者由借款人填写二、凡借用公款必须使用本单三、第三联为正式借据由借款人和单位负责人签章四、出差返回后三日内结算		
机关首长或授权人批示		审核意见					

15. 12 月 10 日，公司从沈阳二化购入 A 材料一批，结算方签发银行承兑汇票，今收到沈阳二化寄来的有关凭证，材料尚未收到。单据列示如下：购进 A 材料 5 000 公斤，每公斤 35 元，计 175 000 元，进项税额 29 750 元。运杂费 750 元。

证表 15 −1

辽宁省增值税专用发票

No 00421215

3400032461

开票日期：2014 年 12 月 10 日

购货单位	名　称：滨海市新世纪工业公司 纳税人识别号：210504458963214 地　址、电话：滨海市中山区淮北路 89 号码 82984688 开户行及账号：建行长星分理处 253888	密码区	/36634563 −/ *4412　加密版本：01 46//4512222445111　340032461 3444 +//14447777//　00421215 523 * / −7//23〈12312

货物或应税劳务名称	规格型号	单位	数量	单价	金额	税率	税额
A 材料		公斤	5 000	35	175 000.00	17%	29 750.00

价税合计（大写）	⊗贰拾万肆仟柒佰伍拾元整	（小写）￥204 750.00

销货单位	名　称：沈阳第二化工厂 纳税人识别号：231435582362500 地　址、电话：沈阳市桂林路 110 号 65325621 开户行及账号：建行太原支行 6589354444	备注	沈阳第二化工厂 发票专用章 231435582362500

收款人：　　　复核：　　　开票人：　　　销货单位：（章）

第三联：发票联 购货方记账凭证

证表 15 −2

铁路局运费杂费收据

付款单位或姓名：沈阳第二化工厂　　2014 年 12 月 10 日　　　　No 05623

原运输票据	年 月 日 第 号		办理种别	
发　站	东站		到　站	河西站
车种车号				
货物名称	件数	包装	重量（吨）	计费重量（吨）
A 材料			5	
类　别	费　率	数　量	金　额	附记
运　费			650.00	
装卸费			100.00	
合计金额（大写）染佰伍拾元整			750.00	
收款单位：滨海铁路局		经办人：李宁		

证表 15 – 3

银 行 承 兑 汇 票

如疑问，请电查：
052 – 1235464

出票日期（大写）贰零壹肆年壹拾贰月壹拾日

第　　　号

出票人全称	滨海市新世纪工业公司	收款人	全　称	沈阳第二化工厂									
出票人账号	253888		账　号	6589354444									
付款行全称	建行长星分理处		开户行	建行太原支行									
				千	百	十	万	千	百	十	元	角	分
汇票金额	人民币 （大写）贰拾万伍仟伍佰元整				2	0	5	5	0	0	0	0	0

汇票到期日

本汇票请承兑，到期无条件付款。

出票人签章
　年　月　日

本汇票已经承兑，到期日由本行付款。

承兑行签章
承兑日期　年　月　日
备注：

承兑协议编号

科目（借）

对方科目（贷）

转账　年　月　日

复核　　　记账

收款人开户行随委托收款凭证寄付款行作借方凭证附件

16. 12 月 10 日，收到银行转来的缴纳上月应交增值税 250 000 元，城市建设维护税 17 500 元，教育费附加 7 500 元的单据。

证表 16-1

中国建设银行　电子缴税付款凭证

转账日期：2014 年 12 月 10 日　　　　　　　　　凭证字号：20141210101099830

纳税人全称及纳税人识别号：新世纪工业公司 210504458963214
付款人全称：新世纪工业公司
付款人账号：253888　　　　　征收机关名称：滨海市西井区国家税务局
付款人开户银行：中国建设银行滨海市长星分理处　　收款国库（银行）名称：国家金库滨海市西井区支库
小写（合计）金额：¥275 000.00　　　　　　缴款书交易流水号：2014121025841269
大写（合计）金额：人民币贰拾柒万伍仟元整　　　税票号码：2413756988

税（费）种名称	所属时间	实缴金额
增值税	2014/11/01—2014/11/30	250 000.00
城建税	2014/11/01—2014/11/30	17 500.00
	/ / — / /	0.00
	/ / — / /	0.00
教育费附加	2014/11/01—2014/11/30	7 500.00
	/ / — / /	0.00
	/ / — / /	0.00
	/ / — / /	0.00
	/ / — / /	0.00
	/ / — / /	0.00
	/ / — / /	0.00
	/ / — / /	0.00
	/ / — / /	0.00
	/ / — / /	0.00
	/ / — / /	0.00

滨海市建设银行长兴分理处
14 12 10
竖

第 1 次打印　　　　　　　　　　　　　　　　　打印日期：20141210

17. 12 月 11 日，公司向河南机床厂销售甲产品 700 件，单价 160 元，代垫运费 1 400 元，保险费 224 元。

证表 17 - 1

辽宁省增值税专用发票

№ 00221217

2700032561

开票日期：2014 年 12 月 11 日

购货单位	名　　　称：河南机床厂 纳税人识别号：236588336524152 地址、电话：郑州市江西路 10 号 22542132 开户行及账号：工行东南支行 22153203652	密码区	//3663 + 123 - / * 4412　加密版本：01 56//4512222445111　　270032561 //44 + //12347777//　　00221217 123 * / - 7//23〈12312

货物或应税劳务名称	规格型号	单位	数量	单价	金额	税率	税额
甲产品		件	700	160.00	112 000.00	17%	19 040.00

价税合计（大写）	⊗壹拾叁万壹仟零肆拾元整	（小写）　￥131 040.00

销货单位	名　　　称：滨海市新世纪工业公司 纳税人识别号：210504458963214 地址、电话：滨海市中山区淮北路 89 号 　码 82984688 开户行及账号：建行长星分理处 253888	备注	滨海市新世纪工业公司 发票专用章 210504458963214

收款人：　　　　　复核：　　　　　开票人：　　　　　销货单位：（章）

证表 17 - 2

滨海市建设银行（辽）

转账支票存 根

$\dfrac{G}{0}\ \dfrac{S}{2}$　01890483

科　　　目 ＿＿＿＿＿＿＿＿

对方科目 ＿＿＿＿＿＿＿＿

出票日期 2014 年 12 月 11 日

收款人：铁路
金　额：1 624.00
用　途：代垫运费保险

单位主管：　　　　会计：

证表 17－3

中国财产保险公司滨海分公司
国内水路、铁路货物运输保险凭证 No 223617

本公司依照国内水路、铁路货物运输保险条款及凭证所注明的其他条件，对下列货物承保运输险：

被保险人：河南机床厂　　　　　　　　　　　　　　　投保人：新世纪工业公司

货物运输号码	货物名称	件数数量	中转地	目的地	运输工具起运日期	保险金额	保险费		保险费	
							综合险	基本险		
00226	甲产品	700 件		西站	火车	131 040			224.00	

复核：　　　　　　　签章：　　　　　　代理处：

第四联由被保险人存执

注意事项

1. 综合险包括基本险。
2. 凡在保险费率综合险或基本险栏内填明费率的即按该险别责任。
3. 如遇出险请凭本凭证第四联正本连同有关原件单据报出险当地保险公司处理。
4. 每笔最低保费为人民币壹元。

证表 17－4

铁路局运费杂费收据

付款单位或姓名：河南机床厂　　　2014 年 12 月 11 日　　　　　　　No 05623

原运输票据	年 月 日 第 号		办理种别	
发　　站	河西站		到　站	西站
车 种 车 号				
货物名称	件数	包装	重量（吨）	计费重量（吨）
甲产品			8	8
类　　别	费　率	数　量	金　额	附记
运　费			1 300.00	
装卸费			100.00	
合计金额（大写）壹仟肆佰元整			￥1 400.00	
收款单位：滨海铁路局		经办人：李宁		

18. 12 月 11 日，行政部门以库存现金购买办公用品 360 元，其中厂部管理部门 240 元，车间 120 元，当即发出投入使用。

证表 18－1

滨海市国家税务局通用手工发票

发票联

发票代码 121021310431

发票号码 04020876

付款单位：滨海市新世纪工业公司　　2014 年 12 月 11 日

辽国税字（13）053号 辽宁盛福票证12月	项 目 内 容	金 额						备 注	第二联　发票联
		千	百	十	元	角	分		
	办公用品	￥	3	6	0	0	0		
	合计人民币（大写）：叁佰陆拾元整	￥	3	6	0	0	0		

收款单位名称：滨海文化用品有限公司　　　　开票人：张力

收款单位税号：21020419721110052

实务写真

开具银行汇票的流程图

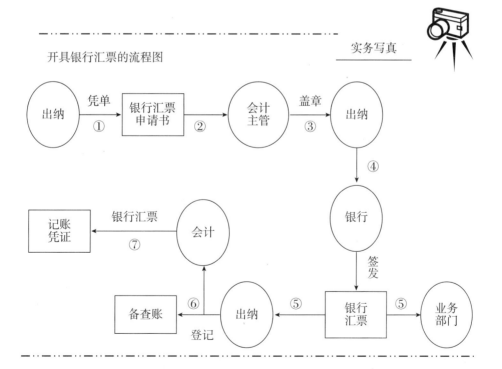

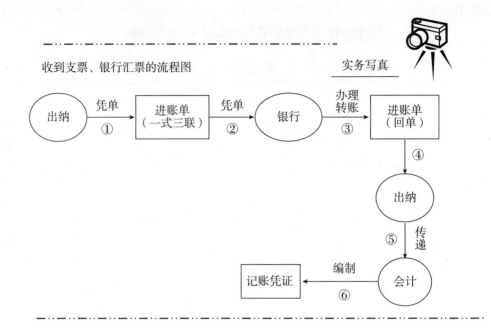

收到支票、银行汇票的流程图

实务写真

19. 12 月 12 日，仓库发出辅助材料一批，用于车间日常耗用，金额 1 230 元。

证表 19 – 1

新世纪工业公司公司
领 料 单

领料单位：车间

第 005 号　发料仓库：原料库　　2014 年 12 月 12 日

材料编号	品名	单位	数量	单位实际成本	总价（元）		
	辅助材料	元			1 230.00		
用途	车间领料				发料	材料员	领料
					徐丽	王青	李梅

20. 12 月 13 日，向本市东林公司销售丙产品 500 件，单价 260 元，计 130 000 元，增值税销项税额为 22 100 元，总计 152 100 元。附加结算条件为"3/10，2/20，N/30"，产品由东林公司自提。按总价法记账，货款未收。

证表 20 - 1

辽宁省增值税专用发票

No 00221218

2700032561

开票日期：2014 年 12 月 13 日

购货单位	名　　　称：滨海市东林公司 纳税人识别号：251468336332152 地址、电话：滨海市长江西路 16 号 22254832 开户行及账号：工行大同支行 32569205542	密码区	//3663 + 123 - / * 4412　加密版本：01 56//4512222445111　270032561 //44 +//12347777//　00221218 123 * / - 7//23 〈12312

货物或应税劳务名称	规格型号	单位	数量	单价	金额	税率	税额
丙产品		件	500	260.00	130 000.00	17%	22 100.00

价税合计（大写）	⊗壹拾伍万贰仟壹佰元整		（小写）¥152 100.00

销货单位	名　　　称：滨海市新世纪工业公司 纳税人识别号：210504458963214 地址、电话：滨海市中山区淮北路 89 号码 82984688 开户行及账号：建行长星分理处 253888	备注	滨海市新世纪工业公司 发票专用章 210504458963214

收款人：　　　复核：　　　开票人：　　　销货单位：（章）

21. 12 月 13 日，财务处按公司决定开出转账支票一张 10 000 元，支援灾区。

证表 21 - 1

滨海市建设银行（辽）

转账支票存根

$\frac{G}{0} \frac{S}{2}$　01890484

科　目 _____

对方科目 _____

出票日期 2014 年 12 月 13 日

收款人：民政局
金　额：10 000.00
用　途：支援地震灾区

单位主管：　　　会计：

证表 21－2

非经营性收款收据

收款日期 2014 年 12 月 13 日

付款单位 （交款人）	滨海市新世 纪工业公司	收款单位 （领款人）	市民政局						收款项目					

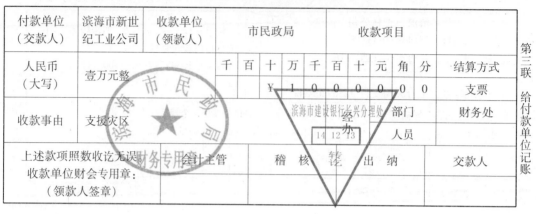

人民币 （大写）	壹万元整		千	百	十	万	千	百	十	元	角	分	结算方式
				￥	1	0	0	0	0	0	0	0	支票

收款事由	支援灾区			部门	财务处
				人员	

上述款项照数收讫无误 收款单位财会专用章： （领款人签章）	会计主管	稽核	出纳	交款人

第三联　给付款单位记账

22. 12 月 13 日，公司将不需用机床一台有偿转让给东太公司。设备原值 610 000 元，已提折旧 320 000 元，转让价格为 280 000 元。收到转账支票一张，已存入银行。

证表 22－1

辽宁省增值税普通发票

No 00378780

记账联

2102133170

开票日期：2014 年 12 月 11 日

购货单位	名　　称：滨海东太公司 纳税人识别号：210213986216521 地址、电话：滨海市开发区东北街 29 号 0411－87219000 开户行及账号：建设银行黄河支行 349005812009 10001	密码区	1－4/68＊－/4080－51＞/6＊＊2－/＋－1 59＋110－28－60335＋＜＊0/＞5240＞4 25＋8＜11＊5－6＞853－＋＊497/－＊＞3＜ /＞9268＞47050＊－66037＞99＋9＜20

货物或应税劳务名称	规格型号	单位	数量	单价	金额	税率	税额
机床			1	280 000.00	280 000.00		
					￥280 000.00		

价税合计（大写）	⊗贰拾捌万圆整	（小写）￥280 000.00

销货单位	名　　称：滨海市新世纪工业公司 纳税人识别号：210211559811146 地址、电话：辽宁省大连市中山区解放路 30 号 0411－38808911 开户行及账号：建行长星分理处 253888	备注	滨海市新世纪工业公司 发票专用章 210504458963214

第一联：记账联　销货方记账凭证

收款人：　　　复核：李红　　　开票人：于丽　　　销货单位：（章）

证表 22 – 2

中国建设银行进账单（收账通知） 1

2014 年 12 月 13 日

出票人	全 称	滨海市东太公司	持票人	全 称	滨海市新世纪工业公司
	账 号	56321 – 8		账 号	253888
	开户银行	农行学苑支行		开户银行	建行长星分理处

金额	人民币 （大写）贰拾捌万元整		千	百	十	万	千	百	十	元	角	分
				¥	2	8	0	0	0	0	0	0

票据种类	持票人开户行盖章
票据张数	

14 12 13

单位主管　　会计　　复核　　记账

23. 12 月 14 日，仓库发出物料 300 元，用于厂部管理部门日常使用。

证表 23 – 1

新世纪工业公司公司

领料单位：经理办公室　　　　领　料　单

第 006 号　　发料仓库：原料库　　2014 年 12 月 14 日

材料编号	品名	单位	数量	单位实际成本	总价（元）	
020564	辅助材料				300.00	
用途	维修办公室等			发料	材料员	领料
				徐丽	王青	王梅

二、会计部

24. 12 月 15 日，按销售合同以分期收款方式向河北省北镇市中原公司销售乙产品 1 000 件，单价 240 元。合同规定 12 月 15 日付款 102 480 元。当日收到银行转来的北镇中原公司汇入款项通知单计 102 480 元。

证表 24－1

辽宁省增值税专用发票　　　　　No 00221220

2700032561　　　　　　　　　　　　　　　　　开票日期：2014 年 12 月 15 日

购货单位	名　　　称：河北省北镇市中原公司	密码区	/3663＋123－/*4412　加密版本：01
	纳税人识别号：652318336336985		56//4512222445111　270032561
	地址、电话：北镇市黄河中路 16 号 22213202		//44＋//12347777//　00221219
	开户行及账号：建行黄河支行 23568205210		123*/－7//23〈12312

货物或应税劳务名称 乙产品	规格型号	单位 件	数量 1 000	单价 240.00	金额 240 000.00	税率 17%	税额 40 800.00

| 价税合计（大写） | ⊗贰拾捌万零捌佰元整 | | | | （小写）￥280 800.00 |

销货单位	名　　　称：滨海市新世纪工业公司	备注	
	纳税人识别号：210504458963214		
	地址、电话：滨海市中山区淮北路 89 号码 82984688		
	开户行及账号：建行长星分理处 253888		

收款人：　　　　　复核：　　　　　开票人：　　　　　销货单位：（章）

证表 24－2

中国建设银行
China Construction Bank
　　　　　　　　中国建设银行单位客户专用回单

币别：人民币　　　　　　2014 年 12 月 15 日　　　　　流水号：2126400612UXA3BZ2GF

付款人	全　称	河北省北镇市中原公司	收款人	全　称	滨海市新世纪工业公司
	账　号	23568205210		账　号	253888
	开户行	建行黄河支行		开户行	建行长星分理处

金额	（大写）人民币壹拾万贰仟肆佰捌拾元整		（小写）￥102 480.00
凭证种类	电子转账凭证	凭证号码	020480786159
结算方式	转账	用途	货款

汇划日期：2014－12－15　汇划款项编号：00498427　　　打印柜员：212640061002
报文顺序号：00498427　汇入行行号：253888　　　　　打印机构：滨海长星分理处
汇入行行名：中国建行银行股份有限公司辽宁省分行　　　打印卡号：2620000001007456
业务类型：0000　原凭证金额：102 480.00　　　　　　　电子回单专用章
原凭证种类：0038　原凭证号码：020480786159　　　　　（01）
附言：货款

打印时间：2014－12－16 10：01：33　　　交易柜员：K00000000001　　　交易机构：212640061

证表 24 –3

滨海市建设银行（辽）

转账支票存 根

$\frac{G}{0}$ $\frac{S}{2}$ 01890497

科　　目 _____

对方科目 _____

出票日期 2014 年 12 月 15 日

| 收款人：明阳运输公司 |
| 金　　额：1 200.00 |
| 用　　途：代垫运费 |

单位主管：　　　　会计：

证表 24 – 4

代开 2102133760

2102133760

00037594

货物运输业增值税专用发票

No 00037591

开票日期：2014 年 12 月 15 日

承运人员纳税人识别号	滨海沿海运输有限公司 210211787318425	密码区	03/ + ⁺ +054⁺4 –/1 >0 >6 + ⁺6017 <09/4 +0 –474 3 +/310—325 +7171 +2 >9⁺ >998 ⁺968 – 49 <857 <80674 ⁺99480645 + 04 <852151 + 312 < ⁺5 < + 80 2531 ⁺57381⁺ + < –6 + <201/ ⁺/8094/3 > <6 >70 +
实际受票方及纳税人识别号	河北省北镇市中原公司 652318336336985		

收货人及纳税人识别号	河北省北镇市中原公司 652318336336985	发货人及纳税人识别号	滨海市新世纪工业公司 210504458963214

费用项目及金额	起运地、经由、到达地				运输货物信息	
	费用项目 运费	金额 1 165.05	费用项目	金额		乙产品

合计金额	￥1 165.05	税率	3%	税额	￥34.95	机器编号	499900695190
价税合计（大写）	壹仟贰佰元整					（小写）1 200.00	

车种车号	辽 BJ0300	车船吨位		备注	完税凭证号码：213818000013939433 213513000010970133
主管税务机关及代码	西井国税局全运物流货运代开站点 12102119995				

收款人：　　　　复核人：　　　　开票人：高强　　　　承运人：（章）

税总局（2013）248号北京印钞有限公司

证表 24 –5

滨海市建设银行（辽）

转账支票存 根

$\dfrac{G\ S}{0\ 2}$ 01890498

科　　目 ＿＿＿＿＿＿＿＿＿

对方科目 ＿＿＿＿＿＿＿＿＿

出票日期 2014 年 12 月 15 日

| 收款人：保险公司 |
| 金　额：480.00 |
| 用　途：代垫保险费 |

单位主管：　　　会计：

证表 24 –6

中国财产保险公司滨海分公司

国内公路货物运输保险凭证　　No 123654

本公司依照国内公路货物运输保险条款及凭证所注明的其他条件，对下列货物承保运输险：

被保险人：河北省北镇市中原公司　　　　　投保人：滨海市新世纪工业公司

货物运输号码	货物名称	件数数量	中转地	目的地	运输工具起运日期	保险金额	保险费		保险费
							综合险	基本险	
00123	乙产品	1000		河北北镇	汽车	280.800			480.00

复核：　　　　　签章：　　　　　　代理处：

第四联由被保险人存执

注意事项

1. 综合险包括基本险。

2. 凡在保险费率综合险或基本险栏内填明费率的即按该险别责任。

3. 如遇出险请凭本凭证第四联正本连同有关原件单据报出险当地保险公司处理。

4. 每笔最低保费为人民币壹元。

25. 12 月 16 日，基本生产车间从仓库领用工卡量模具 1 200 元投入使用，按一次摊销法计入成本，材料出库单 913 号。

证表 25-1

新世纪工业公司
领 料 单

领料单位：车间
第 004 号　发料仓库

2014 年 12 月 16 日

材料编号	品名	单位	数量	单位实际成本	总价（元）	
020563	工具、卡具、模具	元			1 200.00	
用途				发料	材料员	领料
				徐丽	王青	李玉

26. 12 月 17 日，公司收到河南机床厂电汇货款 132 664 元。

证表 26-1

中国建设银行
China Construction Bank

中国建设银行单位客户专用回单

币别：人民币　　　　2014 年 12 月 17 日　　　　流水号：2154377897UXA3BZ2GF

	全　称	河南机床厂		全　称	滨海市新世纪工业公司
付款人	账　号	22153203652	收款人	账　号	253888
	开户行	工行东南支行		开户行	建行长星分理处
金额	（大写）人民币壹拾叁万贰仟陆佰陆拾肆元整			（小写）￥132 664.00	
凭证种类	电子转账凭证		凭证号码	032480786159	
结算方式	转账		用途	货款	

汇划日期：2014 - 12 - 17 汇划款项编号：00498765
报文顺序号：00567427 汇入行行号：253888
汇入行行名：中国建行银行股份有限公司辽宁省分行
业务类型：0000 原凭证金额：132 664.00
原凭证种类：0038 原凭证号码：020654386159
附言：货款

打印柜员：212640061002
打印机构：滨海长星分理处
打印卡号：20200000010027456

电子回单专用章
（01）

打印时间：2014 - 12 - 17 11：01：37　　　交易柜员：K00000000001　　　交易机构：212640061

27. 12 月 18 日，厂办公室维修地面耗用地面砖 1 670 元，车间办公室壁纸贴面耗用 125 元，费用开出转账支票付讫。

证表 27 - 1

滨海市建设银行（辽）

转账支票存根

G/0 S/2 01890486

科 目 _____

对方科目 _____

出票日期 2014 年 12 月 18 日

| 收款人：建丰建材商店 |
| 金 额：1 795.00 |
| 用 途：装修材料款 |

单位主管： 会计：

证表 27 - 2

滨海市国家税务局通用手工发票

发票联

发票代码 121021310431

发票号码 04889613

付款单位：滨海市新世纪工业公司　　2014 年 12 月 18 日

项 目 内 容	金 额						备 注
	千	百	十	元	角	分	
地面砖	1	6	7	0	0	0	
壁纸		1	2	5	0	0	
合计人民币（大写）壹仟柒佰玖拾伍元整	1	7	9	5	0	0	

国税字（13）053 号 滨海盛福票证 7 月

第二联 发票联

收款单位名称：滨海建丰建材商店　　开票人：刘杨

收款单位税号：21020419851228567

28. 12 月 19 日，经理李杉出差归来报销差旅费，原借款 4 000 元，实际支出 4 562 元，其中车费 2 012 元，交际费 2 550 元，超额部分出纳以库存现金支付。

证表 28 – 1

辽财会账证 50 号

差旅费报销单

单位：

2014 年 12 月 19 日填

月	日	时间	出发地	月	日	时间	到达地	机票费	车船费	夜车补助		市内车费		宿费		出差补助		其他	合计
										小时	金额	实支	包干	标准	实支	天数	金额		
12	30								2 400			102			1 000	6	360	700	4 562
合　　计				报销金额（大写）人民币：肆仟伍佰陆拾贰元正													预借金额		4 000
出差任务				单位领导		部门负责人			出差人							报销金额			4 562
																结余或超支			562

现 金 付 讫

会计主管人员　　　　记账　　　　　审核　　　　　附单据

29. 12 月 20 日，收到银行转来的电汇结算凭证收账通知，系东林公司偿还货款148 200元。（本项经济业务与 20 项有关，现金折扣3%）。

证表 29 – 1

中国建设银行

China Construction Bank

中国建设银行单位客户专用回单

币别：人民币　　　　　2014 年 12 月 20 日　　　　流水号：2984377897UXA3BZ2GF

付款人	全　称	滨海市东林公司	收款人	全　称	滨海市新世纪工业公司
	账　号	3256905542		账　号	253888
	开户行	工行大同支行		开户行	建行长星分理处
金额	（大写）人民币壹拾肆万捌仟贰佰元整			（小写）￥148 200.00	
凭证种类	电子转账凭证		凭证号码	087540786159	
结算方式	转账		用途	货款	

汇划日期：2014 – 12 – 20　汇划款项编号：02348765
报文顺序号：00567427　汇入行行号：253888
汇入行行名：中国建行银行股份有限公司辽宁省分行
业务类型：0000　原凭证金额：148 200.00
原凭证种类：0038　原凭证号码：098214386159
附言：货款

打印柜员：212640061002
打印机构：滨海长星分理处
打印卡号：2020000091007456

电子回单专用章
（01）

打印时间：2014 – 12 – 20 11：01：37　　交易柜员：K00000000001　　交易机构：212640061

回单可通过建行对公自助设备或建行网站校验真伪（借方回单）

30. 12 月 20 日，银行托收当月长期借款利息：本金 302 万元，年利率 6.5%。

证表 30 - 1

同城特约委托收款凭证（收款通知）

委托日期 2014 年 12 月 20 日   流水号 17685252

付款人	全 称	滨海市新世纪工业公司	收款人	全 称	建行长星分理处
	账号或地址	253888		账号或地址	
	开户银行	建行长星分理处		开户银行	

委收金额	人民币（大写）	壹万陆仟叁佰伍拾捌元叁角叁分	￥16 358.33

款 项 内 容		合同号 2356	单证张数
利息费用	￥16 358.33	注意事项： 1. 上列款项为见票全额付款； 2. 款项若有误请与付款单位协商解决。	

备注：

会计　　　　　　复核　　　　　　记账　　　　　　支付日期　年　月　日

31. 12 月 21 日，财务处开出转账支票一张 8 000 元支付产品展销费。

证表 31 - 1

辽宁省增值税专用发票   No 00180931

发票联

2102133170   开票日期：2014 年 12 月 21 日

购货单位	名 称：滨海市新世纪工业公司 纳税人识别号：210211559811146 地址、电话：辽宁省大连市中山区解放路 30 号 0411 - 38808911 开户行及账号：建行长星分理处 253888	密码区	4 - 4/68 * - /4080 - 51 >/6 * * 2 - / + - 1 59 + 110 - 28 - 60335 + < *0/ >5240 >4 25 + 8 <11 * 5 - 6 >853 - + *497/ - * >3 < / >9268 >47050 * - 66037 >99 + 9 <20

货物或应税劳务名称	规格型号	单位	数量	单价	金额	税率	税额
展销费			1	7 547.17	7 547.17	6%	452.83
合 计					￥7 547.17		￥452.83

价税合计（大写）	⊗捌仟圆整	（小写）￥8 000.00

销货单位	名 称：滨海会展中心 纳税人识别号：210211345234439 地址、电话：滨海市中山区五四路 89 号 82984688 开户行及账号：建行五四广场分理处 563669	备注	

收款人：　　　　复核：张玉　　　　开票人：王林　　　　销货单位：（章）

第三联：发票联 购货方记账凭证

证表 31 −2

滨海市建设银行（辽）

转账支票存 根

$\frac{G}{0}$ $\frac{S}{2}$ 01890490

科 目 _____

对方科目 _____

出票日期 2014 年 12 月 21 日

收款人：

金 额：8 000.00

用 途：展销费

单位主管： 会计：

32. 12 月 23 日，财务处开出转账支票一张 30 000 元，支付 2015 年的财产保险费。

证表 32 −1

滨海市建设银行（辽）

转账支票存 根

$\frac{G}{0}$ $\frac{S}{2}$ 01890493

科 目 _____

对方科目 _____

出票日期 2014 年 12 月 23 日

收款人：保险公司

金 额：30 000.00

用 途：支付保险费

单位主管： 会计：

证表 32 - 2

中国人民财产保险股份有限公司滨海分公司保险业专用发票

INVOICE

发票代码 221021445205

发票号码 10160794

开票日期 2014 年 12 月 23 日

付款方名称 Payer name	滨海市新世纪工业公司	付款方证件号码 I－D number of payer	
收款方名称 Payee name	中国人民财产保险有限公司 滨海分公司	收款方识别号	
承保险种 Coverage	财产保险		
保险单号 Policy No	201412230098 201412230098	批单号 23890 End No 23890	
保险费金额（大写）叁万元整 Premium Amount（In Words）		（小写） （In Figures） 30 000.00	
代收车船税（小写）：		滞纳金（小写）	
合计（大写）叁万元整		（小写）30 000.00	
		主管税务机关 及代码	

企业签章： 营业执照 经手人 复核

地址： 电话 （手写无效）

33. 12 月 23 日，北京机械厂前欠债款 293 620 元用银行承兑汇票结算。（本业务与第 10 项业务有关）

证表 33 – 1

银行承兑汇票

如疑问，请电查：　出票日期（大写）贰零壹肆年壹拾贰月贰拾叁日

052 – 1235464　　　　　　　　　　　　　　　　　　　　第　号

出票人全称	北京机械厂		收款人	全　称	滨海市新世纪工业公司										
出票人账号	28533205136			账　号	253888										
付款行全称	工行西郊支行			开户行	建行长星分理处										
					千	百	十	万	千	百	十	元	角	分	
汇票金额	人民币（大写）贰拾玖万叁仟陆佰贰拾元					¥2	9	3	6	2	0	0	0		

汇票到期日　　　　　　　本汇票请承兑，到期无条件付款。　承兑协议编号

本汇票已经承兑，到期日由本行付款　　　　　　　　　　科目（借）

　　　　　　　　　　　　　　　　　　　　　　　对方科目（贷）

出票人签章　　承兑行签章　　　　　　转账　年　月　日

　年　月　日　承兑日期　年　月　日　复核　　　记账

备注：

34. 12 月 24 日，接银行电汇收账通知明阳公司所欠货款和代垫运费 601 225 元收讫。

证表 34 – 1

中国建设银行
China Construction Bank
电子转账凭证

币别：人民币　　　委托日期　2014 年 12 月 24 日　　凭证编号：2126400814CVAFJWTAW

汇款人	全　称	明阳公司		收款人	全　称	滨海市新世纪工业公司								
	账　号	52388652103			账　号	253888								
	汇出地点	辽宁省抚顺市/县			汇入地点	辽宁省滨海市/县								
汇出行名称		抚顺工行建外支行		汇入行名称		中国建设银行辽宁省滨海市分行								
金额		（大写）人民币陆拾万壹仟贰佰贰拾伍元整				亿	千	百	十	万	千	百	十	元	角	分
							RMB 6	0	1	2	2	5	0	0

附加信息及用途：　　　　　支付密码

　　　　　划款

根据中国建设银行　客户 001228740163 号电子指令，上述款项已由明阳公司支付

警惕洗钱风险 保护您的权益（银行盖章）　客户经办人员：　复核：　　记账：K00000000001

35. 12 月 24 日，企业收到银行转来的四季度银行存款结算单据，企业存款利息

2 450元。

证表 35 – 1

存款利息回收单

回 单 凭 证

№ 00221213

2700032561

开票日期：2014 年 12 月 21 日

收款人户名：利息支出	币种：人民币
收款人账号：253888	付款人开户行：长星分理处
收款人户名：滨海市新世纪工业公司	
收款人账号：800601208253888	收款人开户行：长星分理处
金额（小写）：2 450.00	科目：20108 对方科目 26003
金额（大写）：人民币贰仟肆佰伍拾元零角零分	
摘要：季度结息	
利率：0.385% 积数：14，534，392.76	计息周期：20140921 至 20141220

第 1 次打印   记账员：99999   复核员：   打印柜员：   打印时间：2014 – 12 – 24
打印网点：0010101   验证码：21502744517   设备编号：

36. 12 月 24 日，公司向大明公司发出甲产品 2 000 件，计 310 000 元，以银行存款支付代垫运费 2 400 元，运输保险费 1 480 元，增值税 52 700 元，货款尚未收讫。

证表 36 – 1

辽宁省增值税专用发票

№ 00221220

2700032561

开票日期：2014 年 12 月 24 日

购货单位	名 称：大明公司	密码区	/*43663＋123 –/*4412 加密版本：01
	纳税人识别号：510182399385513		56//4512222445111 270032561
	地址、电话：营口市和兴街 27 号 58458758		5444＋//12347777// 00221220
	开户行及账号：工行锦江支行 31588612567		123＊/ –7//23〈12312

货物或应税劳务名称	规格型号	单位	数量	单价	金额	税率	税额
甲产品		件	2 000	155	310 000	17%	52 700

价税合计（大写）	⊗叁拾陆万贰仟柒佰元整	（小写）￥362 700.00

销货单位	名 称：滨海市新世纪工业公司	备注	
	纳税人识别号：210504458963214		
	地址、电话：滨海市中山区淮北路 89 号 82984688		
	开户行及账号：建行长星分理处 253888		

收款人：   复核：   开票人：   销货单位：（章）

第一联：记账联 销货方记账凭证

证表 36 - 2

铁路局运费杂费收据

付款单位或姓名：滨海市新世纪工业公司 2014 年 12 月 24 日　　　　　　　No 05623

原运输票据	年 月 日 第 号		办理种别	
发　　　站	河西站		到　　站	西郊站
车 种 车 号				
货 物 名 称	件数	包装	重量（吨）	计费重量（吨）
甲产品	2 000		20	20
类　　别	费　率	数　量	金　额	附记
运　　费			2 000.00	
装 卸 费			400.00	
合计金额（大写）贰仟肆佰元整			￥2 400.00	
收款单位：滨海铁路局　　　　　　经办人：苏宁				

证表 36 - 3

中国财产保险公司滨海分公司

国内水路、铁路货物运输保险凭证　No 523614

本公司依照国内水路、铁路货物运输保险条款及凭证所注明的其他条件，对下列货物承保运输险：

被保险人：大明公司　　　　　　　　　　投保人：滨海市新世纪工业公司

货物运输号码	货物名称	件数数量	中转地	目的地	运输工具起运日期	保险金额	保险费综合险	保险费基本险	保险费
00521	甲产品	2 000		西郊站	火车	1 240 000			1 480

复核：　　　　　　　　签章：　　　　　　　　　代理处：

第三联由投保人人存执

注意事项

1. 综合险包括基本险。

2. 在保险费率综合险或基本险栏内填明费率的即按该险别责任。

3. 如遇出险请凭 本凭证第四联正本连同有关原件单据报出险当地保险公司处理。

4. 每笔最低保费为人民币壹元。

证表 36 – 4

滨海市建设银行（辽）

转账支票存 根

$\dfrac{G}{0}$ $\dfrac{S}{2}$ | 01890494 |

科　　目 _____

对方科目 _____

出票日期 2014 年 12 月 24 日

收款人：
金　额：2 400.00
用　途：代垫运杂费

单位主管：　　会计：

证表 36 – 5

滨海市建设银行（辽）

转账支票存 根

$\dfrac{G}{0}$ $\dfrac{S}{2}$ | 01890495 |

科　　目 _____

对方科目 _____

出票日期 2014 年 12 月 24 日

收款人：
金　额：1 480.00
用　途：代垫保险费

单位主管：　　会计：

37. 当日成品入库甲产品 6 400 件，乙产品 1 700 件，丙产品 2 000 件（只登记明细账数量）。

证表 37 – 1

新世纪工业公司 材料（产品）入库单

供应单位：生产车间　　　　　　2014 年 12 月 24 日　　　　　　字第 029 号

材料类别	材料名称	规格	计量单位	数量	实收数量	单价	金　额
	甲产品		件	6 400	6 400		
	乙产品		件	1 700	1 700		
	丙产品		件	2 000	2 000		
检验结果	合格　检验员签章：			运杂费			
				合　计			

38. 12 月 24 日，从沈二化购入 A 材料 5 000 公斤，已验收入库。（本题与第 15 项经济业务有关）

证表 38－1

新世纪工业公司 材料（产品）入库单

供应单位：沈阳二化　　　　　　2014 年 12 月 24 日　　　　　　字第 030 号

材料类别	材料名称	规格	计量单位	数量	实收数量	单价	金　额
	A 材料		公斤	5 000	5 000	35.00	175 000.00
检验结果	合格　检验员签章：				运杂费		750.00
					合　计		175 750.00

39. 12 月 24 日，接到材料库转来的发出材料汇总表，予以登记入账。

证表 39－1

新世纪工业公司发出材料汇总表

第 008 号　　发料仓库：原料库　　　　2014 年 12 月 24 日

领料单位	品名	单位	数量	单价	金额	用途
车间	A 材料	公斤	2 528			甲产品
车间	A 材料	公斤	4 500			甲产品
车间	A 材料	公斤	980			甲产品
车间	A 材料	公斤	100			乙产品
车间	A 材料	公斤	900			丙产品
车间	A 材料	公斤	550			车间
车间	B 材料	公斤	420			甲产品
车间	B 材料	公斤	200			乙产品
车间	B 材料	公斤	1 750			丙产品
车间	B 材料	公斤	300			车间
车间	C 材料	件	400			甲产品
车间	D 材料	公斤	50			甲产品
车间	D 材料	公斤	450			甲产品
车间	D 材料	公斤	50			乙产品
车间	D 材料	公斤	100			丙产品
厂部	D 材料	公斤	100			厂部
合　　计						

40. 12 月 25 日，接银行通知，收到运输部门赔偿损失费 10 647 元，含进项税额 1 547 元。（本题与第 6 项经济业务有关）

证表 40 - 1

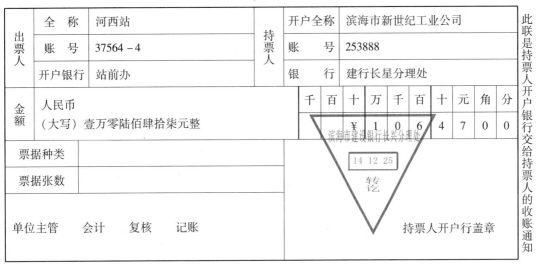

中国建设银行　进账单（回单）1

（收账通知）

2014 年 12 月 25 日

出票人	全　称	河西站		持票人	开户全称	滨海市新世纪工业公司
	账　号	37564 - 4			账　号	253888
	开户银行	站前办			银　行	建行长星分理处

金额	人民币（大写）壹万零陆佰肆拾柒元整	千	百	十	万	千	百	十	元	角	分
					￥	1	0	6	4	7	0	0

票据种类

票据张数

单位主管　会计　复核　记账

持票人开户行盖章

14 12 25 转讫

此联是持票人开户银行交给持票人的收账通知

41. 12 月 26 日，以银行托收方式支付水费 4 200 元，支付电费 20 000 元。

证表 41 - 1

同城特约委托收款凭证（支款通知）

委托日期 2014 年 12 月 26 日　　流水号 17685256

付款人	全　　称	滨海市新世纪工业公司	收款人	全　　称	滨海市电力公司
	账号或地址	253888		账号或地址	23561024
	开户银行	建长星分理处		开户银行	建行营业部

委收金额	人民币（大写）	贰万元整			￥ 20 000.00

款项内容		合同号 2356	单证张数
电　费	20 000.00	注意事项：14 12 26	
		1. 上列款项为见票全额付款；	
		2. 上列款项若有误请与收款单位协商解决。	

备注：

会计　　　　复核　　　　记账　　　　支付日期　年　　月　　日

此联交付款人作支款通知

证表 41－2

同城特约委托收款凭证（支款通知）

委托日期 2014 年 12 月 26 日　　流水号 17685258

<table>
<tr><td rowspan="3">付款人</td><td>全　　　称</td><td>滨海市新世纪工业公司</td><td rowspan="3">收款人</td><td>全称</td><td>滨海市自来水公司</td></tr>
<tr><td>账号或地址</td><td>253888</td><td>账号或地址</td><td>2635891752</td></tr>
<tr><td>开户银行</td><td>建长星分理处</td><td>开户银行</td><td>中行南郊支行</td></tr>
<tr><td rowspan="2">委收金额</td><td>人民币
（大写）</td><td colspan="2">肆仟贰佰元整</td><td colspan="2">￥4 200.00</td></tr>
<tr><td colspan="2">款　项　内　容</td><td>合同号 14 12 26 2351</td><td>单证张数</td><td></td></tr>
<tr><td></td><td>水　费</td><td>4 200.00</td><td colspan="3" rowspan="2">注意事项：
1. 上列款项为见票全额付款；
2. 上列款项若有误请与收款单位协商解决。</td></tr>
<tr><td></td><td></td><td></td></tr>
<tr><td>备注：</td><td colspan="5"></td></tr>
</table>

会计　　　　　复核　　　　　记账　　　　　支付日期　年　月　日

此联交付款人作支款通知

证表 41－3

辽宁省增值税专用发票　　　№ 00223221

2700032561　　　　　　　　　　　　　　　　开票日期：2014 年 12 月 26 日

<table>
<tr><td rowspan="4">购货单位</td><td>名　　　称：</td><td>滨海市新世纪工业公司</td><td rowspan="4">密码区</td><td>/43663＋123－/＊4412 加密版本：01</td></tr>
<tr><td>纳税人识别号：</td><td>210504458963214</td><td>56//4512222445111　　270032561</td></tr>
<tr><td>地址、电话：</td><td>滨海市中山区淮北路 89 号码
82984688</td><td>5444＋//12347777//　　00223221</td></tr>
<tr><td>开户行及账号：</td><td>建行长星分理处 253888</td><td>123＊/－7//23〈12312</td></tr>
<tr><td>货物或应税劳务名称</td><td>规格型号</td><td>单位</td><td>数量</td><td>单价</td><td>金额</td><td>税率</td><td>税额</td></tr>
<tr><td>电费</td><td></td><td>千瓦时</td><td>20 000</td><td>0.854 7</td><td>17 094.02</td><td>17%</td><td>2 905.98</td></tr>
<tr><td>价税合计（大写）</td><td colspan="5">⊗贰万元整　　　　　　　　　　　（小写）￥20 000.00</td><td colspan="2"></td></tr>
<tr><td rowspan="4">销货单位</td><td>名　　　称：</td><td colspan="4">滨海市电力公司</td><td rowspan="4">备注</td><td></td></tr>
<tr><td>纳税人识别号：</td><td colspan="4">51305456302145</td><td></td></tr>
<tr><td>地址、电话：</td><td colspan="4">滨海市东圣街 1 号</td><td></td></tr>
<tr><td>开户行及账号：</td><td colspan="4">建行营业部 23561024</td><td></td></tr>
</table>

收款人：　　　　复核：　　　　　开票人：　　　　销货单位：（章）

第三联：发票联　购货方记账凭证

证表 41 - 4

辽宁省增值税专用发票

№ 00698232

2700032561

开票日期：2014 年 12 月 26 日

购货单位	名　　称：滨海市新世纪工业公司 纳税人识别号：210504458963214 地址、电话：滨海市中山区淮北路 89 号 码 82984688 开户行及账号：建行长星分理处 253888	密码区	/43663 + 123 - / *4412 加密版本：01 56//4512222445111　270032561 5444 + //12347777//　00698232 123 * / - 7//23〈12312

货物或应税劳务名称	规格型号	单位	数量	单价	金额	税率	税额
水费		吨	700	5.128 2	3 589.74	17%	610.26

价税合计（大写）	⊗肆仟贰佰元整	（小写）￥4 200.00

销货单位	名　　称：滨海市自来水公司 纳税人识别号：5156932180023895 地址、电话：滨海市南郊街 12 号 开户行及账号：中行南郊支行 2635891752	备注	滨海市自来水公司 发票专用章 5156932180023895

收款人：　　　　复核：　　　　　　开票人：　　　　　销货单位：（章）

第三联：发票联　购货方记账凭证

42. 12 月 27 日，生产车间报销办公费用 562 元。

证表 42 - 1

报　销　单 （代付款转账凭证）

2014 年 12 月 27 日

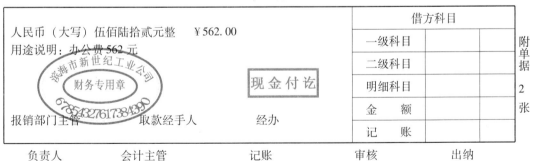

人民币（大写）伍佰陆拾贰元整　　　￥562.00	借方科目		
用途说明：办公费 562 元	一级科目		附单据
滨海市新世纪工业公司 财务专用章 6785432761738439 现金付讫	二级科目		
	明细科目		2
报销部门主管　　取款经手人　　经办	金　额		张
	记　账		

负责人　　　会计主管　　　记账　　　审核　　　出纳

43. 12 月 28 日，据实存账存对比表，公司盘亏 D 材料 5 公斤，每公斤 56.16 元，原因为保管员工作失误所致，责令由保管员赔偿。

证表 43 -1

新世纪工业公司
存货溢余、短少、损耗报告单

填报单位：财务处 　　　　　　2014 年 12 月 28 日 　　　　　　单位：元

编号	品名	规格	产地	单位	数量			长余（短缺）金额	
					溢余	短少	损耗	单价	金额
	D 材料			件		5		56.16	280.80
	进项税								47.74
领导意见		财会意见			业务意见			长短原因： 原因不明	

44. 12 月 28 日，收到中原机床厂签发的银行承兑汇票 400 000 元。（到期日 2015 年 3 月 28 日）

证表 44 -1

银 行 承 兑 汇 票

如疑问，请电查： 　　　出票日期（大写）贰零壹肆年 壹拾贰月贰拾捌日
052 - 1235464 　　　　　　　　　　　　　　　　　　　　　　　　第 　 号

出票人全称	中原市机床厂		收款人	全　称	滨海市新世纪工业公司									
出票人账号	25487203665			账　号	253888									
付款行全称	工行和平支行			开户行	建行长星分理处									
汇票金额	人民币（大写）肆拾万元整				千	百	十	万	千	百	十	元	角	分
							4	0	0	0	0	0	0	0
汇票到期日	2015 - 3 - 28				承兑协议编号 14-12-28									
本汇票已经承兑，到期日由本行付款。		本汇票请承兑，到期无条件付款。			科目（借） 对方科目（贷）									
		承兑行签章			转账 　 年 　 月 　 日									
出票人签章 年 　 月 　 日		承兑日期 年 月 日 备注：			复核 　　　记账									

45. 12 月 29 日，计算分配本月应发工资。

证表 45 – 1

新世纪工业公司 工资福利计算表

单位：元

成本项目	部门	产品	应发工资总额	保险费 34%	公积金 10%	工会经费 2%	教育经费 2.5%	福利费 14%	小计	
生产成本		甲	80 000	27 200	8 000	1 600	2 000	11 200	130 000	
生产成本	车间	乙	70 000	23 800	7 000	1 400	1 750	9 800	113 750	
生产成本		丙	55 000	18 700	5 500	1 100	1 375	7 700	89 375	
辅助生产	机修		9 600	3 264	960	192	240	1 344	15 600	
辅助生产	车队		6 000	2 040	600	120	150	840	9 750	
制造费用	车间		21 000	7 140	2 100	420	525	2 940	34 125	
管理费用	管理部门		32 000	10 880	3 200	640	800	4 480	52 000	
销售费用	市场部		18 000	6 120	1 800	360	450	2 520	29 250	
合计			291 600	99 144	29 160	5 832	7 290	40 824	473 850	

46. 12 月 29 日，计提固定资产折旧，12 月份应计提固定资产价值 7 600 000 元，电子设备按年数总和法折旧，使用 5 年，今年为第二年；其余应计折旧固定资产按直线法折旧，固定资产残值率 10% 。

证表 46 – 1

固定资产相关资料明细表

单位：元

序号	类　别	原值	预计使用年限	净残值率	使 用 单 位			
					基本车间	机修	管理部门	车队
1	生产用固定资产	6 852 200						
2	其中：房屋	2 300 000	20		2 180 000	80 000		40 000
3	机械设备	3 469 200	10		3 357 200	112 000		
4	电子设备	114 000	5	10%	114 000			
5	运输设备	924 000	5					924 000
6	其他设备	45 000	5			45 000		
7	非生产用固定资产	747 800	5				747 800	
8	总　计	7 600 000			5 651 200	237 000	747 800	964 000

证表 46 – 2

折旧计算表

单位：元

	基本车间	机修	车队	管理部门
房屋				
机械设备				
电子设备				
运输设备				
其他				
非生产用资产				
合　计				

47. 12 月 29 日，售给本市华龙公司甲产品 1 000 件，每件 151. 90 元，乙产品 1 200 件，每件 280. 00 元，丙产品 800 件，每件 240 元，总计金额 679 900 元，应交增值税 115 583. 00 元，货物自提。该公司当日以转账支票 200 000 元，付部分货款。

证表 47 – 1

辽宁省增值税专用发票

№ 00221221

2700032561

开票日期：2014 年 12 月 29 日

购货单位	名　　　称：滨海市华龙公司 纳税人识别号：220133695365654 地址、电话：滨海市成功路 12 号 69859362 开户行及账号：工行成功支行 33254803632	密码区	//3663 + 123 – / * 4412 加密版本：01 56//4512222445111　270032561 //44 + //12347777//　00221221 123 * / – 7//23 〈12312

货物或应税劳务名称	规格型号	单位	数量	单价	金额	税率	税额
甲产品		件	1 000	151. 90	151 900. 00	17%	25 823. 00
乙产品		件	1 200	280. 00	336 000. 00	17%	57 120. 00
丙产品			800	240. 00	192 000. 00	17%	32 640. 00

价税合计（大写）	⊗柒拾玖万伍仟肆佰捌拾叁元整	（小写）　￥795 483. 00

销货单位	名　　　称：滨海市新世纪工业公司 纳税人识别号：210504458963214 地址、电话：滨海市中山区淮北路 89 号码 　　　　　82984688 开户行及账号：建行长星分理处 253888	备注	滨海市新世纪工业公司 发票专用章 210504458963214

收款人：　　　　　复核：　　　　　　　开票人：　　　　销货单位：（章）

第一联：记账联　销货方记账凭证

证表 47－2

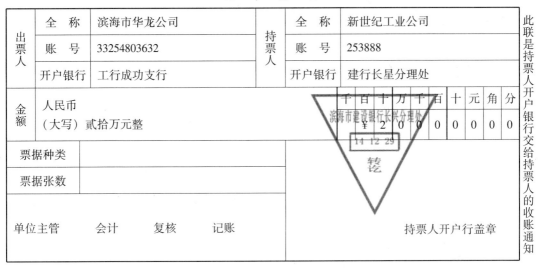

中国建设银行进账单（收账通知） 1

2014 年 12 月 29 日

出票人	全 称	滨海市华龙公司	持票人	全 称	新世纪工业公司
	账 号	33254803632		账 号	253888
	开户银行	工行成功支行		开户银行	建行长星分理处

金额	人民币（大写）贰拾万元整	千 百 十 万 千 百 十 元 角 分 ￥ 2 0 0 0 0 0 0 0

票据种类	
票据张数	

单位主管　　会计　　复核　　记账　　　　　　　持票人开户行盖章

此联是持票人开户银行交给持票人的收账通知

48.12 月 29 日，公司办公室采购色拉油一批，作为工会福利发给员工，采购数量 200 桶，每桶 5 公斤，每桶价格 120 元，以转账支票支付采购款。

证表 48－1

辽宁省增值税普通发票　　　No 00180931

2102133170　　　　发票联　　　　开票日期：2014 年 12 月 29 日

购货单位	名 称：滨海市新世纪工业公司	密码区	1-4/68 * -/4080-51 >/6 * * 2-/ + -1
	纳税人识别号：210211559811146		59 +110-28-60335 + < * 0/ >5240 >4
	地 址、电话：辽宁省大连市中山区解放路30号 0411-38808911		25 +8 <11 * 5-6 >853- * *497/ - * >3 <
	开户行及账号：建行长星分理处 253888		/ >9268 >47050 * -66037 >99 +9 <20

货物或应税劳务名称	规格型号	单位	数量	单价	金额	税率	税额
色拉油			200	120.00	24 000.00		
合 计					￥24 000.00		

价税合计（大写）	⊗贰万肆仟圆整	（小写）￥24 000.00

销货单位	名 称：滨海沃尔玛有限公司	备注	滨海沃尔玛有限公司 210211345234439 发票专用章
	纳税人识别号：210211345234439		
	地 址、电话：滨海市中山区五四路89号 82984688		
	开户行及账号：建行五四广场分理处 563669		

收款人：　　复核：张玉　　开票人：王林　　销货单位：（章）

第三联：发票联 购货方记账凭证

证表 48 – 2

滨海市建设银行（辽）

转账支票存 根

$\dfrac{G}{0}$ $\dfrac{S}{2}$ 0456123

科　　目 ＿＿＿＿＿＿＿＿＿＿

对方科目 ＿＿＿＿＿＿＿＿＿＿

出票日期 2014 年 12 月 29 日

收款人：

金　额：24 000.00

用　途：

单位主管：　　　　会计：

49. 12 月 29 日，依据增值税，计算本月应交城市建设维护税和教育费附加。

证表 49 – 1

新世纪工业公司城建税和教育费附加计算表

单位：元

本月应纳增值税税额	计提比例		计提金额
	城市建设税	7%	
	教育费附加	3%	

50. 12 月 29 日，出纳员开出现金支票一张 217 756 元，从银行提取现金备发工资。

证表 50 - 1

滨海市建设银行（辽）

现金支票存 根

G/0 S/2 | 0456123 |

科   目 _____

对方科目 _____

出票日期 2014 年 12 月 29 日

收款人：
金   额：217 756.00
用   途：发工资

单位主管：   会 计：

51. 12 月 29 日，以库存现金发放工资，工资发放清单。

证表 51 - 1

新世纪工业公司工资发放表

单位：元

成本项目	部门	产品	应发工资总额	代扣款项			实发工资
				保险 11%	公积金 10%	个人所得税	
生产成本	车间	甲	80 000	8 800	8 000	2 200	61 000
生产成本		乙	70 000	7 700	7 000	1 800	53 500
生产成本		丙	55 000	6 050	5 500	1 620	41 830
辅助生产	机修		9 600	1 056	960	88	7 496
辅助生产	车队		6 000	660	600		4 740
制造费用	车间		21 000	2 310	2 100	2 200	14 390
管理费用	管理部门		32 000	3 520	3 200	3 200	22 080
销售费用	市场部		18 000	1 980	1 800	1 500	12 720
合 计			291 600	32 076	29 160	12 608	217 756

52. 12 月 29 日，划转本月的养老保险费和公积金。

证表 52－1

滨海市企业职工社会保险费结算表

费款所属日期：2014 年 12 月到 2014 年 12 月

单位	单位类型	企业					
	单位电话	82222613					
	社会保险登记号	2102212227					
	开户银行	建行长星分理处					
	帐号	253888					

职工情况　其中：本月增加／本月减少

缴费项目	单位缴费 缴费基数	费率（%）	金额	个人缴费 缴费基数	费率	金额	应交金额合计
基本养老保险	291 600	18	52 488	291 600	8	23 328	75 816.00
工伤保险费	291 600	3	8 748				8 748.00
生育保险费	291 600	2	5 832				5 832.00
失业保险费	291 600	1	2 916	291 600	1	2 916	5 832.00
基本医疗保险费	291 600	8	23 328	291 600	2	5 832	29 160.00
采暖费							
高额补充医疗保险							
医疗保险费	291 600	2	5 832				5 832.00
农民工工商保险费			0.00				0.00
合计	291 600	34	99 144	291 600	11	32 076	131 220.00

本金合计（大写）：壹拾叁万壹仟贰佰贰拾元零角零分

中级声明：此缴费申报表是根据社会保险法规、规章的规定填报的，我确信它是真实、可靠、完整的。

声明人：
法定代表人签字或盖章：
经办人：

社会保险经办机构：
专管人员审核（章）：　年　月　日
部门负责人（章）：　年　月　日

单位编码：82825770

单位名称：新世纪工业公司

单位：元

实收合计：131 220.00（元）　滞纳金：0（元）　利息：0（元）

业务流水号：10000000048

证表 52 – 2

社会保障基金电子缴款凭证　　No

缴款日期：2014 – 12 – 29　　　　征收机关：滨海西井区地税局　　　　滨地税征：22224249704

纳税人识别号	210211760788902	社保单位编号	82825770
纳税（缴费）人名称	滨海市新世纪工业公司	结算方式	银行托收

基本养老：75816（单位：52488 个人：23328）　　　基本医疗：29 160（单位：23328 个人：5832） 高额医疗：0.00　　失业：5832　　工伤：8748　　生育：5832　　采暖费：0.00　　农民工养老：0.00 补充医疗（保税）：5832　　补充工伤（保税）：0.00　　滞纳金：0.00　　利息：0.00

金额合计（大写）	人民币壹拾叁万壹仟贰佰贰拾元零角零分	￥131 220.00

本缴款凭证仅作为纳税（缴费）人记账核算凭证使用，需与银行对账单划缴记录核对一致方为有效。纳税人如需开具正式凭证，请凭税务登记证（副本）到主管税务机关开具	费款属性： 正常缴费	

证表 52 – 3

住房公积金汇（补）缴书

2014 年 12 月 29 日

	1110000345621	交易类型		汇　缴
单位名称	滨海市新世纪工业公司			
缴款日期	2014 – 12 至 2014 – 12	缴纳人数	200	缴存类型　白筹　缴款方式
人民币大写	伍万捌仟叁佰贰拾元整	人民币（小写）		58 320.00
	新世纪工业公司	付款行	建行长星分理处	付款账号　253888
加盖单位财务印鉴				

　　说明：缴款方式为网上划款，需与银行出具的划款凭证一同作为单位入账凭证，无银行凭证不得作为记账依据。

证表 52 - 4

中国工商银行网上银行电子回单

电子回单号码：0008 - 7388 - 9003 - 1122

付款人	户　名	滨海市新世纪工业公司	收款人	户　名	
	账　号	253888		账　号	
	开户银行	建行长星分理处		开户银行	
金　额		人民币（大写）伍万捌仟叁佰贰拾元整			￥58 320.00
摘　要		网缴 32890998	业务（产品）种类		转账
用　途					
交易流水号		33890076	时间戳		2014 - 12 - 29 - 13. 34. 15. 443726
	备　注				
	验证码 WERT234566VHUUB77				
记账网点	23788901	记账柜员	000988	记账日期	2014 年 12 月 29 日

53. 12 月 29 日，分配辅助生产费用。

证表 53 - 1

辅助生产费用分配表（直接分配）

编制单位：新世纪工业公司　　　　　2014 年 12 月份

辅助部门	供应量		受益单位			
			车　间		厂　部	
	单位	数量	需用量	金额	需用量	金额
车队	吨公里	44 000	24 000		20 000	
修理	工时	2 100	1 500		600	
合计						

54. 12 月 29 日，将本月发生的制造费用结转分配计入"生产成本—基本生产成本"账户。分配标准为产品耗用工时，其中甲产品耗用 48 000 工时，乙产品耗用 40 000 工时，丙产品耗用 32 000 工时，制造费用分配表见证表。

证表 54 – 1

新世纪工业公司制造费用分配表

2014 年 12 月

单位：元

借方科目	产品名称	分配标准（工时）	分配率（元/工时）	分配金额
生产成本	甲产品			
	乙产品			
	丙产品			
合 计				

55. 12 月 29 日，将"生产成本—基本生产成本"账户归集的生产费用，在完工产品与在产品之间进行分配，编制甲、乙、丙三种产品成本计算单。结转本月完工产品成本。产品耗用原材料在开工制造时一次投入，按约当产量法将生产费用在完工产品与在产品之间分配，期末在产品完工程度为 50%。

证表 55 – 1

新世纪工业公司生产费用
在完工产品和在产品之间分配表

产品名称：甲产品

在产品数量（A）完工程度 50%（B）　　　投料方式：一次投料　　　2014 年 12 月

成本项目	生产费用累计额	产成品数量	在产品约当量	分配率（元）	产成品分配额（元）
	C	D	$E = A \times B$	$F = \dfrac{C}{D+E}$	$G = D \times F$
直接材料					
直接人工					
制造费用					
合 计					

会计主管　　　　　复核　　　　　　　记账　　　　　　制表

证表 55 – 2

新世纪工业公司生产费用
在完工产品和在产品之间分配表

产品名称：乙产品

在产品数量（A）完工程度 50%（B）　　　　投料方式：一次投料　　　　　　2014 年 12 月

成本项目	生产费用累计额	产成品数量	在产品约当量	分配率（元）	产成品分配额（元）
	C	D	$E = A \times B$	$F = \dfrac{C}{D + E}$	$G = D \times F$
直接材料					
直接人工					
制造费用					
合　计					

会计主管　　　　　　复核　　　　　　　　记账　　　　　　制表

证表 55 – 3

新世纪工业公司生产费用
在完工产品和在产品之间分配表

产品名称：丙产品

在产品数量（A）完工程度 50%（B）　　　　投料方式：一次投料　　　　　　2014 年 12 月

成本项目	生产费用累计额	产成品数量	在产品约当量	分配率（元）	产成品分配额（元）
	C	D	$E = A \times B$	$F = \dfrac{C}{D + E}$	$G = D \times F$
直接材料					
直接人工					
制造费用					
合　计					

会计主管　　　　　　复核　　　　　　　　记账　　　　　　制表

证表 55 - 4

新世纪工业公司
产品成本计算单

产品名称：甲产品　　　　　　　　　2014 年 12 月　　　　　　　　　单位：元

项 目		成本项目（元）			
		直接材料	直接工资	制造费用	合 计
月初余额					
本月发生额					
合 计					
约当产量	产成品				
	在产品				
	合 计				
产成品成本分配额					
期末在产品成本余额					
产成品单位产品成本					

会计主管　　　　　　复核　　　　　　　　记账　　　　　　　　制表

证表 55 - 5

新世纪工业公司
产品成本计算单

产品名称：乙产品　　　　　　　　　2014 年 12 月　　　　　　　　　单位：元

项 目		成本项目（元）			
		直接材料	直接工资	制造费用	合 计
月初余额					
本月发生额					
合 计					
约当产量	产成品				
	在产品				
	合 计				
产成品成本分配额					
期末在产品成本余额					
产成品单位产品成本					

会计主管　　　　　　复核　　　　　　　　记账　　　　　　　　制表

证表 55－6

新世纪工业公司
产品成本计算单

产品名称：丙产品　　　　　　　　2014 年 12 月　　　　　　　　单位：元

项　目	成本项目（元）			
	直接材料	直接工资	制造费用	合计
月初余额				
本月发生额				
合　计				
约当产量　产成品				
在产品				
合　计				
产成品成本分配额				
期末在产品成本余额				
产成品单位产品成本				

会计主管　　　　　复核　　　　　　　记账　　　　　　　制表

56. 12 月 30 日，结算本月已售产品成本。产品出库按先进先出法核算。

证表 56－1

新世纪工业公司
产品销售成本结转表

2014 年 12 月　　　　　　　　单位：元/件

品种	期初结余/本期入库产成品			本期出库产成品			销售成本
	数量	单位成本	金额	销售数量	单位成本	金额	金额
甲产品							
乙产品							
丙产品							
合计							

会计主管　　　　　复核　　　　　　　记账　　　　　　　制表

57. 12 月 30 日，按应收账款余额百分比法计提坏账准备。

58. 12 月 31 日，将收入、费用、成本收益增项本期发生额转至本年利润账户。按税法规定对利润总额进行调整，按 25% 税率计算应交所得税。

证表 58 - 1

新世纪工业公司
所得税计算表

2014 年 12 月 单位：元

项目	应税所得额				适用税率	应纳税额		
	1~11 月利润总额	12 月份利润总额	全年利润总额	全年应纳税所得额		全年应纳税额	已交税额	本季应纳税额
所得税					25%			

会计主管 复核 记账 制表

59. 12 月 31 日，结转本年利润科目。

60. 12 月 31 日，利润分配，分别按 10% 和 5% 计提法定盈余公积和任意盈余公积。

下 篇　现代服务业企业会计模拟实训

第一章

房地产企业会计模拟实训

 **本章导读**

　　房地产企业就是从事房地产开发和经营的企业，其业务活动内容较复杂，涉及面广，经济往来对象多，在各行业中比较具有代表性。本章以房地产企业作为模拟实训企业的蓝本，给出了模拟实训企业 2014 年 5 月份的日常生产经营活动所涉及的一些经济业务的原始凭证，学生可以运用所学会计理论知识对这些经济业务进行必要的会计核算，巩固所学的理论知识，提高学生的实践技能。

实训目标

　　本章需要学生在了解房地产企业基本业务及核算特点的基础上，掌握房地产企业常见业务的会计处理，熟悉相关原始凭证，并能熟练填制相关记账凭证并登记账簿。

第一节　行业基本介绍

一、房地产企业的主要业务

　　房地产企业就是从事房地产开发和经营的企业，它既是房地产产品的生产者，又是房地产产品的经营者。房地产企业的主要业务包括：

（一）土地的开发与经营

　　土地是城市建设及房地产开发的前提和首要条件。土地开发和建设是指对征用或受让的土地按城市总体规划进行地面平整、建筑物拆除、地下管道铺设和道路、基础设施的建设，将"生地"变为"熟地"，以便扩大对土地的有效使用范围，提高土地的利用程度，满足不断发展的社会生产和人民生活的需要。企业将有偿获得的土地开发完成后，既可有偿转让给其他单位使用，也可自行组织建造房屋和其他设施，然后作为商品作价出售，还可以开展土地出租业务。

（二） 房屋的开发与经营

房屋的开发是指在已经开发建设完工的土地上继续进行房屋建设，其业务范围包括：可行性研究、规划设计、工程施工、竣工验收、交付使用等工作内容。房地产开发企业对于已开发完成的房屋，按其用途可分为商品房、投资性房地产、周转房、安置房和代建房等。商品房是指为销售而开发建设的房屋；投资性房地产是指用于出租经营的各种房屋；周转房是指用于安置动迁居民周转使用的房屋；代建房是指受地方政府和其他单位委托而开发的房屋。

（三） 城市基础设施和公共配套设施的开发与建设

城市基础设施和公共配套设施的开发是指根据城市建设总体规划开发建设的大配套设施项目，包括：开发小区内营业性公共配套设施，如商店、银行、邮局等；开发小区内非营业性公共配套设施，如小学、文化站、医院等；开发项目外为居民服务的给排水、供电、供气的增容增压、交通道路等。

（四） 代建房屋或工程的开发与建设

代建工程的开发是企业接受政府和其他单位委托，代为开发的各种工程项目，包括土地开发工程、房屋建设工程、敷设、供水、供气、供热管道以及其他市政公共的设施等。

二、房地产企业的经营特点

房地产企业是从事房地产开发、经营、管理和服务的企业，它既是房地产产品的生产者，又是房地产商品的经营者，它的经营特点主要体现在以下几个方面：

（一） 开发经营的计划性

房地产开发企业征用的土地、建设的房屋和基础设施以及其他设施都必须严格控制在国家的计划范围之内，按照规划、征地、设计、施工、配套、管理"六统一"原则和企业的建设计划和销售计划进行开发经营。随着国家经济体制的改革以及相关法律的不断完善，开发企业将根据市场供求来调节企业的建设计划和销售计划。

（二） 开发产品的商品化

房地产开发企业开发的产品随着市场经济体制的确立而进入流通领域。房地产产品与其他经济产品比较起来，既有一般商品的属性，又有其特殊性，是一种特殊商品。一般按照供求双方合同或协议规定的价格或者市场价格作价销售。

（三） 开发经营业务的复杂性和建设的多样性

复杂性体现在：一是业务内容的复杂。企业除了土地开发和房屋建设以外，还包括相应的基础设施和公共配套设施的建设，这就包括了从征地、拆迁、勘察、设计、施工、销售到售后服务等全过程的业务内容。二是涉及范围较广，经济往来对象多。企业不仅因购销关系与设备、材料物资供应单位发生经济往来，而且因工程的发包和招标与勘察设计单位、施工单位发生经济往来，还会因受托代建开发产品、出租开发产品等与委托单位和承租单位发生经济往来。

多样性体现在：一是建筑产品的多样性。根据不同的购买需求，房屋的建设是多种多样的，如房屋的式样、结构形式、层高、装修以及设备等都不完全相同，这与标准化的工业产品大不相同。二是企业经营方式的多样性。开发商进行房地产建设，目的各不相同，有的为了销售，有的从事有偿转让，有的作为周转房使用，也有些企业开展售后服务工作，如房屋维修、水电管理等。

（四）开发建设周期长、投资数额大

房地产企业开发产品的建设周期从规划设计开始，经过可行性研究、征地拆迁、安置补偿、七通一平、建筑安装、配套工程、绿化环境工程等几个开发阶段，需要一年甚至数年才能完成。另外，上述每一个开发阶段都需要投入大量资金，而且，开发的产品造价较高，一个建设项目，少则投资几百万元，高则需要上亿元的资金。所以，如何筹集资金，以及筹集到的资金如何运用，如何加速资金的运转、提高资金的使用效率，就成为提高企业经济效益的关键所在。

（五）开发经营的风险较大

因项目所需投资数额较大，房地产开发企业一般都为高额负债经营。一旦决策失误，销路不畅，将会造成大量开发产品积压，使企业资金周转不灵，从而导致企业陷入困境。另外，房地产开发企业受国家宏观调控影响较大，如果盲目投资会给企业带来巨大的风险。

三、房地产项目会计核算的特点

（一）开发模式决定会计核算

建设方式和经营模式可以统称为开发模式，不同的开发模式涉及的会计核算方法存在较大的差异。例如，对于开发任务，是成立分公司还是成立子公司进行管理，其会计核算方法存在根本的不同。

子公司是相对于母公司而言的，具有独立法人资格；分公司是相对于总公司而言，没有独立法人资格，一般不具有独立核算条件，企业所得税由总公司汇总缴纳。对于房地产企业来讲，负责具体项目开发的子公司，通常叫做项目公司；而负责具体项目开发的分公司，通常叫做项目经理部。

目前大多数房地产企业在开发项目时，选择成立项目公司，即子公司。如果成立分公司，他们会担心分公司的开发业务涉及的纳税风险乃至经营风险牵连到总公司。但随着我国公司法的不断完善，以及房地产企业抵抗风险能力的不断加强，越来越多的大型房地产企业会选择分公司的开发模式。

（二）针对总承包单位的核算

房地产开发企业在进行项目开发时，一般不是自行建造产品，而是与具体的建筑施工企业签订建筑施工合同，委托施工企业进行施工建设。对于规模较大、施工要求复杂的房地产施工工程，需要有不同的专业施工单位进行分工合作，但为了便于管理，一般由一家具有资金和技术实力的施工单位总承包，然后再由总承包单位将工程分包给其他施工单位。在房地产企业与施工企业间的承发包关系中存在着诸多会计核算问题，针对承包单位的核算将对房地产企业的开发成本产生直接的影响。

（三）开发节点与收入、成本核算

房地产开发企业的会计核算与其他行业企业相比，在收入与成本结转上存在差异。开发产品的建设周期长，建设过程中的预售收入作为预收账款管理，并在项目竣工后结转为销售收入。开发建设中的支出计入开发成本，在项目竣工后结转为销售成本。因此，从会计核算的角度看，项目开发节点对房地产企业会计核算结果将产生直接的影响。

（四）借款费用的核算

房地产行业是资金密集型的行业，房地产开发企业在开发项目时要投入大量的资金，除了企业具备一定数量的自有资金外，一般情况下要通过银行贷款筹措资金。因此，借款费用是房地产项目开发成本中较大的支出项目之一，借款费用的核算对于房地产开发企业来说至关重要。

（五）公共配套设施的核算

为了满足购房者除居住外的其他需求，房地产开发企业在开发项目时，往往会在开发区域内建造一些配备设施。房地产开发企业将其提供给居民作为有偿或无偿使用，一般不会对外转让这些配备设施的产权。对于房地产开发企业在开发区域内建造的配备设施，有以下两种处理方式：一是房地产企业自留产权，房地产开发企业可以取得这部分资产的经营收益；二是房地产企业不留产权，房地产企业不能取得这部分资产的经营收益。对于以上不同的处理方式，其会计核算方法也存在较大差异。

第二节　模拟实训资料

一、企业基本信息

企业名称：大连华盛房地产开发有限公司

经营地址：大连市沙河口区中山路 321 号

开户行：中国建设银行星海支行

账号：32189755810052503840

经营范围：主要从事房地产开发、不动产租赁等

纳税人识别号：328357681070921

二、经济业务及有关原始凭证

1. 5 月 5 日，向土地储备中心支付土地竞拍保证金 30 500 000 元，款项通过银行电汇支付。

证表 1 - 1

辽宁省行政事业单位资金往来结算票据

辽财政监大字第 011 - 1 号　　　　　　　No：1101296939

执收单位编码：　　　　收款日期：2014 年 5 月 05 日　　　校验码：

付款单位（交款人）	大连华盛房地产开发有限公司	结算方式	电汇
人民币（大写）	叁仟零伍拾万元整	￥30 500 000.00	
收款事由	2014 - 10# 竞牌保证金		
收款单位财务专用章	行政事业单位资金往来结算票据，是指国家机关、事业单位、社会团体，经法律法规授权的具有管理公共事务职能的其他组织机构发生暂收、代收和单位内部资金往来结算等经济活动时开具的凭证。		

财务负责人：　　　　　收款人：周　　　　　交款人：

第三联　缴款凭证

证表 1 - 2

大连银行电汇凭证（回单）　　3

□普通　□加急　　　　委托日期：2014 年 5 月 5 日　　　　No. 1151594

汇款人	全　称	大连华盛房地产开发有限公司	收款人	全　称	大连市土地储备中心
	账　号	800300094222030		账　号	00000301266297971
	汇出地点	辽宁省大连市/县		汇入地点	辽宁省大连市/县

汇出行名称	大连银行	汇入行名称	大连银行辽宁省分行

金额	人民币（大写）：叁仟零伍拾万元整	亿	千	百	十	万	千	百	十	元	角	分
		￥	3	0	5	0	0	0	0	0	0	0

支付密码

附加信息及用途：竞买保证金

汇出行签章　　　　　　　　　　复核　记账

此联汇出行给汇款人的回单

证表 1 - 3

凭证收费单

0010101　　操作员：20073　　　　日期：2014 年 05 月 05 日　　　流水号：118

单位	大连华盛房地产开发有限公司	账号	800300094222030	金额	200.50
单位	邮电费	账号	0190001266296307	金额	200.00
单位	手续费	账号	0190001266296306	金额	0.50
单位		账号		金额	
备注	支付往账	30 500 000.00			

客户回单

2.5 月 8 日，竞拍得到开发用土地，取得土地储备中心开具的正式收据。

证表 2 – 1

辽宁省非税收入统一收据

辽财政监大字第 002 号　　　　　　　　　No：1400030115

执收单位编码：　　　　　　　　　　　　校验码：1400030115

缴款单位（姓名）：大连华盛房地产开发有限公司　　填开日期：2014 年 5 月 8 日

收费项目	数量	收费标准	金额
2014 – 10#土地出让金			￥30 500 000

大写：叁仟零伍拾万元整　　　　小写：　　　　　支付方式：

执收单位（盖章有效）：　　　收款人：周　　　　交款人：

第四联　报销凭证

3.5 月 10 日，支付剩余的土地出让金 153 600 000 元。

证表 3 – 1

一般缴款书 ① （收　据）

2014 年 5 月 10 日　填制

收款单位	财政机关	大连市财政局	缴款单位	全　　称	大连华盛房地产开发有限公司
	预算级次	市级		账　　号	20001899973636
	收款国库	国家金库大连市分库		开户银行	哈尔滨银行大连分行

预算科目名称（填写全称）		年度	月份	金　　额											备注：
科目编码	科目名称			十亿	千	百	十	万	千	百	十	元	角	分	
103014801	土地出让价款收入			￥1	5	3	6	0	0	0	0	0	0	0	
合　　计				￥1	5	3	6	0	0	0	0	0	0	0	

金额人民币（大写）：壹亿伍仟叁佰陆拾零万零仟零佰零拾零元零角零分

缴款单位公章　　　　上述款项已收妥并划转收款单位账户

复核员　　填制人　　复核员　　记账员　　国库（银行）盖章

　　　　　　　　　　　　　　　　　　　　　出纳员

　　　　　　　　　　　　　　　　　　　　　年　月　日

证表 3 - 2

土地出让金缴库认定书

NO. 14 - 064

中标单位	大连华盛房地产开发有限公司												
市政府土地批件（中标确认书）编号	大政地城字【2014】6070 号												
中标地块位置	沙、中山路北侧		建筑用地编号					（2014）-15 号					
成交价总额	184 100 000.00		土地出让金总额					184 100 000.00					
缴纳土地出让金情况	时　间	金　额											
		十	亿	千	百	十	万	千	百	十	元	角	分
	2014 年 5 月 5 日			3	0	5	0	0	0	0	0	0	0
	2014 年 5 月 10 日		1	5	3	6	0	0	0	0	0	0	0
	年　月　日												
	年　月　日												
	合　计		1	8	4	1	0	0	0	0	0	0	0
	人民币（大写）零拾壹亿捌仟肆佰零壹拾万零仟零佰零拾零元零角零分												
截止到2014年5月10日，中标单位已缴纳（用地编号：（2014）—15 号）土地出让金，特此证明。 大连市土地出让金缴库认定专用章 缴库认定专用章 2014 年 5 月 10 日													
备　注	按照大连市国有土地使用权交易管理委员会会议纪要（25 期）、沙河口区《关于沙河口区改造项目土地出让滞纳金有关事宜的函》（沙政函发［2013］52 号）和市土地储备中心《关于大城（2014）—15 号地块净地移交有关情况的函》（大土储函发［2012］257 号），该地块已缴纳土地出让金 18 410 万元。												

第一联　中标单位

4. 5 月 12 日，"绿色家园"项目进行土石方工程施工，工程款共计 200 000 元，公司支付了 150 000 元。

证表 4-1

税务机关代开统一发票

发票联

发票代码：221021330101

发票号码：10179114

开票日期：2014-05-12

查 询 码 税 控 码 机器编号	22102330101102066258258 04496582942109434609 221020078007		密码区	机打代码：221021330101 机打号码：10206625	
付款方名称	大连华盛房地产开发有限公司		付款方证件号码	328357681070921	
收款方名称	兴隆土石方工程（大连）有限公司		收款方证件号码	2102043209871012	
工程项目名称	工程项目编号	结算项目	金额	备注	
绿色家园项目土石方工程	2312200001555	工程款	200 000.00		
工程项目地址：大连市沙河口区大连市沙河口区原景山宾馆				代开单位盖章	
合计金额（大写）	人民币 贰拾万元整				￥200 000.00
税额	￥6 780	完税凭证号码	22102114 0123Z01150	税务机关及代码	大连沙河口区地税局 22102040000

开票人：叶南

（手写无效）

证表 4-2

中国建设银行

转账支票存 根

10509130

03108065

附加信息 _____

_____

_____

出票日期 2014 年 5 月 12 日

收款人：
金 额： ￥150 000.00
用 途：工程款

单位主管： 会计：

5.5 月 13 日，进行"绿色家园"项目道路两侧绿化改造工程，工程款已支付，共计 300 000 元。

证表 5 – 1

税务机关代开统一发票

发票代码：221021330101

开票日期：2014 – 05 – 13

发票号码：10179114

查 询 码 税 控 码 机 器 编 号	22102330101102066258258 04496582942109434609 221020078007	密码区	机打代码：221021330101 机打号码：10206625
付款方名称	大连华盛房地产开发有限公司	付款方证件号码	328357681070921
收款方名称	大连万通园林绿化工程有限公司	收款方证件号码	2102043209871012

工程项目名称	工程项目编号	结算项目	金额	备注
绿色家园项目道路 两侧绿化改造工程土	2312200001555	工程款	300 000.00	代开单位盖章
工程项目地址：大连市沙河口区				

合计金额（大写）	人民币叁拾万元整		小写	￥300 000.00

税额	￥9 820	完税凭证号码	221021140123Z01150	主管 税务 机关 及代 码	大连沙河口区 地税局 22102040000

开票人：叶南　　　　　　　　　　　　　　　　　　（手写无效）

证表 5 - 2

中国建设银行

转账支票存 根

10509130

03108065

附加信息

出票日期 2014 年 5 月 13 日

收款人：王军
金　额：￥300 000.00
用　途：

单位主管：　　　　　会计：

6.5 月 14 日，收到买房人王明支付的个人购房定金 20 000 元。

证表 6 - 1

专用收款收据

辽财会账证 49 号　　　　收款日期　2014 年 5 月 14 日　　　　0008322

付款单位 （交款人）	王明	收款单位 （领款人）	大连华盛房地产 开发有限公司									收款项目	定金
人民币 （大写）	贰万元整		千	百	十	万	千	百	十	元	角	分	结算 方式
						2	0	0	0	0	0	0	现金
收款事由	3 - 1 - 13 - 1　面积 110.38 平												
上述款项照数收讫无误， 收款单位财会专用章； （领款人签章）			会计主管					出纳			交款人		
								李颖					

第二联：收款单位记账凭证

7.5 月 15 日，支付之前欠大连东祥水泥方砖厂的工程款 60 000 元。

证表 7－1

上海浦东发展银行

转账支票存 根
31009130
01541385

附加信息
_____
_____
_____

出票日期 2014 年 5 月 15 日

收款人：余立	
金　　额：￥60 000.00	
用　　途：工程款	

单位主管：　　　　　会计：

8.5 月 15 日，缴纳上月营业税、城建税、教育费附加、地教附加。

证表 8－1

大连银行　电子缴税付款凭证　　回单凭证

记账日期：2014 年 05 月 15 日　　流水号：307289　　回单编号：201405190009913

纳税人全称和识别号：大连华盛房地产开发有限公司　328357681070921

＊付款人户名：大连华盛房地产开发有限公司

＊付款人账号：328357681070921　征收机关名称：大连市沙河口区地方税务局

付款人开户行：解放广场支行营业部　收款国库（银行）名称：国家金库大连市沙河口区支库

金额（小写）：￥134 898.20　　缴款书交易流水号：27246702

金额（大写）：人民币壹拾叁万肆仟捌佰玖拾捌元贰角

凭证编号：2210211140523039196

税（费）种名称	所属日期	实缴金额
营业税	2014\04\01 至 2014\04\30	￥134 898.20

第一次打印　　记账员：D9911　　复核员：D9911　　打印柜员：

打印时间：2014－05－15　10：42：46　打印网点：0013901　验证码：27270204622

证表 8 - 2

大连银行　电子缴税付款凭证　　回单凭证

记账日期：2014 年 05 月 15 日　　流水号：307291　　回单编号：201405190021190

纳税人全称和识别号：大连华盛房地产开发有限公司　　328357681070921

＊付款人户名：大连华盛房地产开发有限公司

＊付款人账号：328357681070921　　征收机关名称：大连市沙河口区地方税务局

付款人开户行：解放广场支行营业部　　收款国库（银行）名称：国家金库大连市沙河口区支库

金额（小写）：￥9 442.87　　缴款书交易流水号：27246704

金额（大写）：人民币玖仟肆佰肆拾二元捌角柒分

凭证编号：221021140523039196

税（费）种名称	所属日期	实缴金额
城建税	2014\04\01 至 2014\04\30	￥9 442.87

第一次打印　　记账员：D9911　　复核员：D9911　　打印柜员：

打印时间：2014 - 05 - 15　10：42：46　　打印网点：0013901　　验证码：27270204622

证表 8 - 3

大连银行　电子缴税付款凭证　　回单凭证

记账日期：2014 年 05 月 15 日　　流水号：307290　　回单编号：201405190020833

纳税人全称和识别号：大连华盛房地产开发有限公司　　328357681070921

＊付款人户名：大连华盛房地产开发有限公司

＊付款人账号：328357681070921　　征收机关名称：大连市沙河口区地方税务局

付款人开户行：解放广场支行营业部　　收款国库（银行）名称：国家金库大连市沙河口区支库

金额（小写）：￥4 046.95　　缴款书交易流水号：27246703

金额（大写）：人民币肆仟零肆拾陆元玖角伍分

凭证编号：221021140523039196

税（费）种名称	所属日期	实缴金额
教育费附加	2014\04\01 至 2014\04\30	￥4 046.95

第一次打印　　记账员：D9911　　复核员：D9911　　打印柜员：

打印时间：2014 - 05 - 15　10：42：46　　打印网点：0013901　　验证码：27270204622

证表 8－4

大连银行　电子缴税付款凭证　　回单凭证

记账日期：2014 年 05 月 15 日　　流水号：307292　　回单编号：201405190009810

纳税人全称和识别号：大连华盛房地产开发有限公司　328357681070921

*付款人户名：大连华盛房地产开发有限公司

*付款人账号：328357681070921　　征收机关名称：大连市沙河口区地方税务局

付款人开户行：解放广场支行营业部　　收款国库（银行）名称：国家金库大连市沙河口区支库

金额（小写）：￥2 697.96　　缴款书交易流水号：27246705

金额（大写）：人民币贰仟陆佰玖拾柒元玖角陆分　　凭证编号：2210211140523039196

税（费）种名称	所属日期	实缴金额
地方教育附加	2014\04\01 至 2014\04\30	￥2 697.96

第一次打印　　记账员：D9911　　复核员：D9911　　打印柜员：

打印时间：2014－05－15　10：42：46　　打印网点：0013901　　验证码：27270204622

9.5 月 16 日，与买房人高亮签订正式的商品房买卖合同，收取购房首付款 450 000 元，以 POS 机刷卡结算，银行扣除手续费 160 元。

证表 9－1

中国建设银行单位客户专用回单

币种：人民币　　　　　2014 年 05 月 16 日　　　　　流水号：21200490ID790000002

付款人	全　称	待清算间联商户消费款户	收款人	全　称	大连华盛房地产开发有限公司
	账　号	10121200490131325000050002		账　号	32189755810052503840
	开户行	中国建设银行大连星海广场支行柜台		开户行	中国建设银行大连星海广场支行柜台

金　额	（大写）人民币肆拾肆万玖仟捌佰肆拾元整	（小写）　￥449 840.00
凭证种类		凭证号码
结算方式	转账	用　途　1052102153200296 内卡清算款

POS 消费笔数：2
POS 消费金额：450 000.00
手续费：160.00
DCC 手续费：0.00
消费净计金额：449 840.00
商户名称：大连华盛房地产开发有限公司
分期消费金额：0.00

打印柜员：212004901002
打印机构：星海广场支行柜台
打印卡号：2120000001017806

（贷方回单）

打印时间：2014－05－15　　交易柜员：21200490ID79　　交易机构：212004901

证表 9 - 2

销售不动产统一发票（自开）

发票代码：22102133888
发票号码：10179009

开票日期：2014 - 05 - 16　　类别：销售商品普通住房

查 询 码 税 控 码 机器编号	22102330101102066258258 04496582942109434609 221020078007		密 码 区		机打代码：22102133888 机打号码：10179009				
付款方名称	高亮		身份证号/组织 机构代码/纳税 人识别号		328357681070921				
收款方名称	大连华盛房地产开发有限 公司		身份证号/组织 机构代码/纳税 人识别号		328357681070921				
不动产 项目名称	不动产 项目编号	销售的 不动产地址	建筑面积（　） 套内面积(√) （m²）	单价 （元/m²）	金额（元）		款 项 性 质	1. 预售定金 2. 预收款 3. 结算款	
绿色家园	2671889900123	12 - 3 - 15 - 1	100	11 500	450 000.00			预收款	
合计金额（大写）人民币肆拾伍万元整						（小写）450 000.00			
备注						大连沙河口区地税局 22102040000			

开票人：叶南　　　　　　　开票单位签章：　　　　　　　　　　　　（手写无效）

10.5 月 16 日，支付商品房项目户外宣传广告喷绘制作费 9 800 元。

证表 10 - 1

大连市国家税务局通用手工发票

发票代码　121021310431

发票号码　04889613

发票联

付款单位：大连华盛房地产开发有限公司　　　　2014 年 5 月 16 日

项 目 内 容	金 额						备 注
	千	百	十	元	角	分	
喷绘制作费	9	8	0	0	0	0	
合计人民币（大写）：玖仟捌佰元整	9	8	0	0	0	0	

收款单位名称：　　　　　　　　　　　　开票人：王丽

收款单位税号：

证表 10 - 2

中国建设银行

转账支票存 根

10509130

03108107

附加信息：新视界

出票日期 2014 年 05 月 16 日

收款人：李栋
金　额：￥9 800.00
用　途：货款

单位主管：　　　　会计：

11. 5 月 17 日，收到高亮公积金贷款放款 700 000 元。

证表 11 - 1

大连市住房公积金贷款划转凭证（借据）

2014 年 05 月 17 日　　　　　　贷款合同编号：3129900089

借 款 人	高亮		月利率	3.75‰	借款期限	25 年	还款方式		本息
付款单位	大连市住房公积金管理中心		付款账号	10122100899990000			开户银行		建行
收 款 人	大连华盛房地产开发有限公司		收款账号	32189755000525038840			开户银行		建行星海支行
还款账号	330022411879937365			购房地址	沙区绿色家园 12 - 3 - 15 - 1		借款用途		购房
金 额	人民币（大写）	柒拾万元整				千 百 十 元 角 分			7 0 0 0 0 0 0 0
同意受托银行按照大连市住房公积金管理中心的要求将上述借款划转入收款人的账户。				受托银行盖章：					
借款人（签章）：高亮				会计：　　　复核：　　　记账：					

证表 11 - 2

销售不动产统一发票（自开）

发票代码：22102133888
发票号码：10179009

开票日期：2014 - 05 - 17　　　类别：销售商品普通住房

查 询 码 税控码 机器编号	22102330101102066258258 04496582942109434609 221020078007		密码区		机打代码：22102133888 机打号码：10179009			
付款方名称	高亮		身份证号/组织机构代码/纳税人识别号		328357681070921			
收款方名称	大连华盛房地产开发有限公司		身份证号/组织机构代码/纳税人识别号		328357681070921			
不动产项目名称	不动产项目编号	销售的不动产地址	建筑面积（ ）套内面积(√)（m²）	单价（元/m²）	金额（元）	款项性质	1. 预售定金 2. 预收款 3. 结算款	
绿色家园	2671889900123	12 - 3 - 15 - 1	100	14 500	700 000.00		预收款	
合计金额（大写）人民币柒拾万元整					（小写）700 000.00			
备注					主管税务机构发票专用章 大连沙河口区地税局 22102040000			

开票人：叶南　　　　　　开票单位签章：　　　　　　　　　（手写无效）

第二联：记账联（收款方记账凭证）

12.5 月 18 日，公司在"绿色家园"项目土石方施工阶段将西侧居民临建房屋拆除，经双方商定，给予一次性补偿 16 000 元，款项已付讫。

证表 12 - 1

请款审批单

申请日期：2014 - 05 - 15

发起人	张鑫	所属分部	大连华盛房地产开发有限公司
所属部门	开发部	申请项目	临建拆迁补偿款
申请金额	16 000		
申请金额大写	壹万陆仟元整		
请款理由	绿色家园项目西侧周边居民临建房屋在我公司土石方施工阶段将其拆除，经双方协商，最终商定一次性现金补偿。		
部门负责人意见			
财务部负责审批	地产财务部/吴进 2014 - 05 - 20 09：26：09		
副总经理审批	同意 来自 iPad 客户端 总裁办/李铭 2014 - 05 - 20 09：43：09		
总经理审批	同意 总裁办/张华 2014 - 05 - 20 09：57：12		
集团财务总监审批	同意 集团总部/ 谢宇 2014 - 05 - 20 10：58：24		
董事长助理审批	总裁办/孟刚 2014 - 05 - 20 11：01：31		
董事长审批			

证表 12 - 2

上海浦东发展银行

转账支票存 根

31009130

01541387

附加信息 _____

_____

出票日期 2014 年 5 月 18 日

收款人：孙俊
金　额：￥16 000.00
用　途：

单位主管：　　　会计：

13. 5 月 19 日，收到本公司员工赵岩支付的购房意向金 20 000 元，公司规定内部员工认购住房的意向金可退。

证表 13 – 1

专用收款收据

辽财会账证 65 号　　　　收款日期　2014 年 5 月 19 日　　　　0009236

付款单位 （交款人）	赵岩	收款单位 （领款人）	大连华盛房地产 开发有限公司	收款项目								意向金	
人民币 （大写）	贰万元整			千	百	十	万	千	百	十	元	角	分	结算 方式
							￥	2	0	0	0	0	0	0	POS
收款事由	意向金 11#			经办				部　门						
								人员						
上述款项照数收讫无误， 收款单位财会专用章； （领款人签章）			会计主管	稽核			出纳		交款人	
								李颖		

第二联：收款单位记账凭证

证表 13 – 2

中国建设银行单位客户专用回单

币种：人民币　　　　　　2014 年 05 月 19 日　　　　流水号：21200490ID790000002

付款人	全　称	待清算间联商户消费款户	收款人	全　称	大连华盛房地产开发有限公司
	账　号	10121200490131325000500027		账　号	32189755810052503840
	开户行	中国建设银行大连星海广场 支行柜台		开户行	中国建设银行大连星海广场支 行柜台
金　额	（大写）人民币壹万玖仟捌佰肆拾元整			（小写）￥19 840.00	
凭证种类			凭证号码		
结算方式	转账		用　途	1053102152002 内卡清算款	

POS 消费笔数：2　　　　　　　　　打印柜员：21200490I002
POS 消费金额：20 000.00　　　　　打印机构：星海广场支行柜台
手续费：160.00　　　　　　　　　　打印卡号：21200000910I7806
DCC 手续费：0.00
消费净计金额：19 840.00

（贷方回单）

打印时间：2014 – 05 – 19　　　交易柜员：21200490ID79　　　交易机构：212004901

14. 5 月 20 日，支付售楼处户外现场包装礼仪服务费 6 000 元。

证表 14 −1

大连市国家税务局通用手工发票

发票联

发票代码：121021310431

发票号码：05456558

付款单位：大连华盛房地产开发有限公司　　2014 年 05 月 20 日

项 目 内 容	金 额						备 注
	千	百	十	元	角	分	
礼仪服务费	6	0	0	0	0	0	
合计人民币（大写）：陆仟元整	6	0	0	0	0	0	

收款单位名称：　　　　　　　　　　　开票人：张宇

收款单位税号：

第二联　发票联

证表 14 −2

中国建设银行

转账支票存 根

10509130

03108107

附加信息　鑫鑫

出票日期 2014 年 05 月 20 日

收款人：王军
金　额：￥6 000.00
用　途：服务费

单位主管：　　　会计：

15.5 月 21 日，为售楼处进行项目推广宣传购买家庭影院设备一套，金额共计 18 580 元。公司扣除 5% 的质量保证金，其余款项以银行存款支付。

证表 15 – 1

大连市国家税务局通用手工发票

发票联

发票代码　121021310431

发票号码　04020876

付款单位：大连华盛房地产开发有限公司　　　　　2014 年 05 月 21 日

项 目 内 容	金 额						备 注
	千	百	十	元	角	分	
音箱 ×1 对 ×9 800.00	9	8	0	0	0	0	
合计人民币（大写）：玖仟捌佰元整	9	8	0	0	0	0	

大国税字（13）053号　大连盛福票证12月

第二联　发票联

收款单位名称：大连奥林匹克电子城高清先生电子商行　　　　开票人：王丽

收款单位税号：210204197201110052

证表 15 – 2

大连市国家税务局通用手工发票

发票联

发票代码　121021310431

发票号码　04020880

付款单位：大连华盛房地产开发有限公司　　　　　2014 年 5 月 21 日

项 目 内 容	金 额						备 注
	千	百	十	元	角	分	
播放器 ×1 ×3 980.00	3	9	8	0	0	0	
幕布 ×1 ×4 800.00		8	0	0	0	0	
合计人民币（大写）：捌仟柒佰捌拾元整	8	7	8	0	0	0	

大国税字（13）053号　大连盛福票证12月

第二联　发票联

收款单位名称：大连奥林匹克电子城高清显示电子商行　　　　开票人：孙怡

收款单位税号：210204197201110052

证表 15 -3

中国建设银行

转账支票存 根
10509130
03108107

附加信息　高清

_____

_____

出票日期 2014 年 05 月 21 日

收款人：赵敏
金　额：￥18 580.00
用　途：

单位主管：	会计：

16. 5 月 22 日，"绿色家园"项目进行供热外网管道配套工程，工程款共 46 500 元，取得税务机关代开的发票，款项尚未支付。

证表 16 -1

税务机关代开统一发票

发票联

发票代码：221021330101

发票号码：10179114

开票日期：2014 - 05 - 22

查 询 码	2210210001011017911408 57	密码区	机打代码：221021330101	
税 控 码	2406780763019491354 2		机打号码：10179114	
机器编号	221020041378			
付款方名称	大连华盛房地产开发有限公司		付款方证件号码	21020467997533X
收款方名称	大连西山热力工程服务有限公司		收款方证件号码	210204118511965

工程项目名称	工程项目编号	结算项目	金额	备注
大连绿色家园项目				
供热外网管道配套工程	dk14000001819	工程款	46 500.00	

工程项目地址：沙河口区兴工街办事处中和路友好巷 1 号

合计金额（大写）	人民币万陆任伍佰元整			￥46 500.00	大连沙河口区地税局 2210204000
税额	￥1 576.35	完税凭证号码	221021140123Z00340	务机关及代码	

大连市沙河口区地方税务局代开单位盖章
代开发票专用章
2210204
（12）主管税

开票人：王雪

（手写无效）

17. 5 月 23 日，购买窗帘、家具、灯具等对售楼处进行软装，金额共计 18 000 元。

证表 17 – 1

大连市国家税务局通用手工发票

发票代码　121021310431

发票号码　04889613

付款单位：大连华盛房地产开发有限公司　　　　2014 年 5 月 23 日

项目内容	金额						备注
	千	百	十	元	角	分	
窗帘	4	0	0	0	0	0	
合计人民币（大写）：肆仟元整	4	0	0	0	0	0	

大国税字（13）053号 大连盛福票证7月

第二联　发票联

收款单位名称：　　　　　　　　　　　　开票人：王丽

收款单位税号：

证表 17 – 2

大连市国家税务局通用手工发票

发票代码　121021310431

发票号码　04889613

付款单位：大连华盛房地产开发有限公司　　　　2014 年 5 月 23 日

项目内容	金额						备注
	千	百	十	元	角	分	
灯具	6	0	0	0	0	0	
合计人民币（大写）：陆仟元整	6	0	0	0	0	0	

大国税字（13）053号 大连盛福票证7月

第二联　发票联

收款单位名称：　　　　　　　　　　　　开票人：王丽

收款单位税号：

证表 17 – 3

大连市国家税务局通用手工发票

发票联

发票代码 121021310431

发票号码 04889613

付款单位：大连华盛房地产开发有限公司　　　2014 年 5 月 23 日

项 目 内 容	金　额						备　注
	千	百	十	元	角	分	
家具	8	0	0	0	0	0	
合计人民币（大写）：捌仟元整	8	0	0	0	0	0	

大国税字（13）053 号 大连盛福票证 7 月

第二联　发票联

收款单位名称：　　　　　　　　　　　　开票人：王丽

收款单位税号：

证表 17 – 4

上海浦东发展银行

转账支票存 根

31009130

01541376

附加信息　大华家居

出票日期 2014 年 5 月 23 日

收款人：张正
金　额：￥18 000.00
用　途：
单位主管：　　　会计：

18. 5 月 24 日，支付售楼处沙盘模型制作安装费，金额为 70 000 元。

证表 18 – 1

大连市国家税务局通用手工发票

发票联

发票代码　121021319872

发票号码　04889613

付款单位：大连华盛房地产开发有限公司　　　　2014 年 5 月 24 日

项　目　内　容	金　额						备　注
	千	百	十	元	角	分	
模型费	7	0	0	0	0	0	
合计人民币（大写）：柒万元整	7	0	0	0	0	0	

大国税字（13）053 号 大连盛福票证 7 月

第二联　发票联

大连市甘井子区灵感模型设计工作室
210203681070921
发票专用章

收款单位名称：　　　　　　　　　开票人：钱峰

收款单位税号：

19. 5 月 26 日，购买建筑材料轻钢龙骨一批，金额为 8 000 元。

证表 19 – 1

大连市国家税务局通用手工发票

发票联

发票代码　121021310431

发票号码　04889613

付款单位：大连华盛房地产开发有限公司　　　　2014 年 5 月 26 日

项　目　内　容	金　额						备　注
	千	百	十	元	角	分	
轻钢龙骨　1 000 平 * 8 元	8	0	0	0	0	0	
合计人民币（大写）：捌仟元整	8	0	0	0	0	0	

大国税字（13）053 号 大连盛福票证 7 月

第二联　发票联

大连华龙装饰材料市场宏达建材商行
322209198512285671
发票专用章

收款单位名称：大连华龙装饰材料市场宏达建材商行　　开票人：刘

收款单位税号：322209198512285671

证表 19 - 2

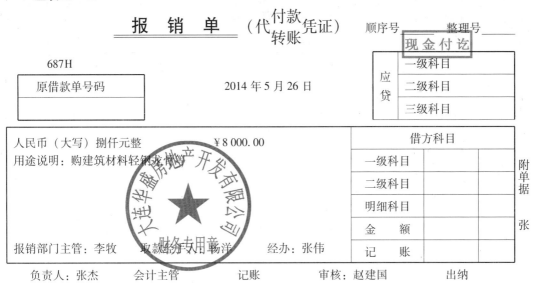

报 销 单 （代付款凭证 转账）

687H

20.5 月 28 日，为售楼处购买笔记本电脑一台，金额为 3 800 元。跨行转账，银行收取手续费 5 元。

证表 20 - 1

大连市国家税务局通用手工发票

发票联

发票代码 121021319872
发票号码 04889613

付款单位：大连华盛房地产开发有限公司　　　　2014 年 5 月 28 日

项 目 内 容	千	百	十	元	角	分	备 注
笔记本（1×3 800）	3	8	0	0	0	0	
合计人民币（大写）：叁仟捌佰元整	3	8	0	0	0	0	

收款单位名称：　　　　　　　　　　开票人：李林
收款单位税号：

证表 20 - 2

入 库 单

供应单位：　　　　　　　　　2014 年 5 月 28 日　　　　　　　NO. 4176620

品　名	规　格	单　位	数　量	单　价	金　额						
					十	万	千	百	十	元	角	分
笔记本电脑	联想	台	1	3 800			3	8	0	0	0	0
负责人	仓库负责人	高华	入库经手人	张丽	记账		合计			3	8	0	0	0	0

证表 20 - 3

上海浦东发展银行（浦发大连分行营业部）
借记/贷记通知（借记）

付款单位名称：大连华盛房地产开发有限公司	
付款单位账号：876699900003044	凭证号
收款单位名称：网上银行跨行系统异地汇划手续费收入	总行名称：浦发大连发行营业部
收款单位账号：75010142570000041	起息日：2014 年 05 月 28 日
交易名称：支付申请（单笔）	交易金额： ¥00
摘要：跨行转账（网银异地）	7500-01

流水号：999570590340　　　　　　　　　交易日期：2014 年 05 月 28 日

注：如果日期，流水号，账号，摘要，金额相同，系重复打印　　　　经办柜员：99957059

证表 20 - 4

上海浦东发展银行（浦发大连分行营业部）
借记/贷记通知（借记）

付款单位名称：大连华盛房地产开发有限公司	
付款单位账号：876699900003044	凭证编号：
收款单位名称：大连电子城世纪宏远电子商行	收款银行名称：招商银行大连分行东港支行
收款单位账号：610281027710001	起息日：2014 年 05 月 28 日
交易名称：支付申请（单笔）	交易金额：￥3 800.00
摘要：	7500-01

流水号：999570590340　　　　　　　　　交易日期：2014 年 05 月 28 日

注：如果日期，流水号，账号，摘要，金额相同，系重复打印　　　　经办柜员：99957059

第二章

物流企业会计模拟实训

本章导读

物流企业是从事运输、仓储、装卸等经营业务，并能够按照客户物流需求对其基本功能进行组织和管理的经济组织。物流企业一般以某项服务功能为主要特征，并向物流服务其他功能延伸。由于物流行业和业务的特殊性，物流企业会计核算也呈现出其独有的特点。并且，作为现代服务业的代表，物流业已被纳入我国"营改增"的范围，学生掌握物流企业日常业务的会计核算十分重要。本章以物流企业作为模拟实训企业的蓝本，给出了模拟实训企业2014年6月份日常生产经营活动所涉及的经济业务的原始凭证，学生可以运用所学会计理论知识对这些经济业务进行必要的会计核算，巩固所学的理论知识，提高学生的实践技能。

实训目标

本章重点是要求学生在了解物流企业会计核算流程和基本特点的基础上，掌握物流企业常见业务的会计处理，熟悉相关原始凭证，并能熟练填制相关记账凭证并登记账簿。

第一节　行业基本介绍

一、物流企业的概念和类型

物流是指物品从供应地向接收地的实体流动过程，它根据实际需要，将运输、储存、装卸、搬运、包装、流通加工、配送、信息处理等基本功能实施有机结合。2005年我国颁布的《物流企业分类与评估指标》推荐性国家标准对物流企业做了最新定义：至少从事运输（含运输代理、货物快递）或仓储中一项经营业务，并能够按照客户物流需求对运输、储存、装卸、包装、流通加工、配送等基本功能进行组织和管理，具有与自身业务相适用的信息管理系统，实行独立核算、独立承担民事责任的经济组织。物流的运输功能是将物流对象通过集货、分配、搬运、中转、装卸、配送等一系列作业向另外的地点运送的活动；物流的储存功能是指在物流对象入库信息的基础上进行保护、管理、储藏的在库管理作业，具有时间和价格调整的双重功能；物流的装卸搬运功能是指在同一地域范围内，改变货物存放状态和空间位置的作业活动；物流的包装功能是指为使物流对象在运送、储存和销售等环节不受损、更合理而采取的，如容器、材料及辅助物等的保护措施和系列技术方法；物流的配送功能是指基于经济、合理的原则对物流对象进行挑选、加工、包装、分割、组配等作业；物流的加工功能是指物流对象从起始地到目的地过程中，进行包装、分割、计量、分拣、组装、价格贴付和检查等的作业；物流的信息处理功能是指物流全过程的知识、资料、图像、数据、文件等信息进行综合处理的作业。

由于物流企业一般以某项服务功能为主要特征，并向物流服务其他功能延伸，可以将物流企业综合归纳为以下三种主要类型：

1. 运输型物流企业。这类企业是指以从事货物运输服务为主，主要包括小件包裹快递服务或代理运输服务，并包含其他物流服务活动，具备一定规模的实体企业。其主要业务通常是根据客户需求，提供物流功能一体化服务。具体是为客户提供门到门运输、门到站运输、站到门运输、站到站运输等的以货物运输为主的活动。运输型物流企业应具有一定数量的运输设备，并具备网络化信息服务功能，应用信息系统可对运输货物进行状态查询、监控。

2. 仓储型物流企业。这类企业是指以从事区域性仓储服务为主，包含其他物流服务活动，具备一定规模的实体企业。其主营业务通常是为客户提供货物储存、保管、中转等仓储服务，以及为客户提供配送、商品经销、流通加工等其他仓储增值服务等。仓储型物流企业应自有一定规模的仓储设施、设备，自有或租用必要的货运车辆，并具备网络化信息服务功能，应用信息系统可对货物进行状态查询、监控。

3. 综合服务型物流企业。这类企业是指可以根据客户的需求，从事多种物流服务活动，并具备一定规模的实体企业。其主营业务涉及为客户提供运输、货运代理、仓储、配送等多种物流服务项目，并能根据客户的需求，为客户制定整合物流资源的运作方案，为客户提供契约性的综合物流服务。综合服务型物流企业应自有或租用必要的运输设备、仓储设施及设备，企业具有一定运营范围的货物集散、分拨网络，并配置专门的机构和人员，建立完备的客户服务体系，能及时、有效地提供客户服务。同时，还应具备网络化信息服务功能，应用信息系统对物流服务全过程进行状态查询和监控。

二、物流企业会计核算的特点

由于物流行业和业务的特殊性，物流企业会计核算也呈现出其独有的特点，具体表现在以下几个方面：

（一）分支机构和内部往来

物流企业要实现大范围的经营，需要在足够多的区域、城市拥有分支机构，需要构建起物流企业固有的网络。分支机构的独立存在，是物流企业有效完成整个业务流程的重要保证，分支机构的数量和分布决定了物流企业经营网络的覆盖面。例如，物流企业在一地集货，然后运往其他地方的分支机构进行配送，由各地方的分支机构负责将货物运送到各自服务区域内的具体地点。没有分支机构，物流企业经营的效率会大打折扣。物流企业存在分支机构，必然在分支机构与总机构之间存在内部往来，包括总公司对分支机构的投资、内部交易和结算等，因而内部往来是物流企业会计核算中比较突出的部分。

（二）外部资金结算

由于运输范围区分省内、省外、国内以及国外，某些时候单个的企业由于自身能力限制往往无法独自完成一项任务，需要与其他地区、其他国家的各企业合作。而运输收入通常一次性由运出地或目的地核收，相对上述企业与各分支机构存在内部往来来说，此刻企业却需要与不同地区、不同国家的其他企业进行大量的收入结算。

（三）代理业务

代理业务是物流企业业务的重要组成部分，比如货运代理业务。因此，在物流企业的会计核算中，代付代收项目是较为常见的。物流企业的代理业务比较繁杂，在不同环节、不同运输方式下都会有不同的代理业务内容，这就给物流企业的会计核算带来了一定的难度。

（四）税金

在我国实施"营改增"之前，物流企业所缴纳的流转税以营业税为主。而2013年8月1日以后，由于我国在全国范围内实施"营改增"试点，物流企业所缴纳的流转税就变为以增值税为主了。其中，运输服务增值税税率为11%，装卸搬运、仓储等物流辅助服务税率为6%。在对物流企业相关业务收入改征增值税的同时，其外购的相关货物和劳务在符合条件的情况下也可以抵扣进项税额。

（五）资金占用

相对于制造企业而言，物流企业几乎不需要购买原材料、零配件；相对于工商企业而言，物流企业也无须自行购买商品等。因此，物流企业占用在存货上的资金相对较少，而占用在配备设施等固定资产上的资金相对较大。

（六）成本费用的构成

物流企业的成本费用构成并不像制造企业的产品成本那样，具有构成产品实体并占较高比重的原材料和主要材料，而主要是由与各环节的运行经营以及配备设施相关的成本费用所构成，比如运输的燃油费、交通工具和装卸搬运工具的折旧费用、各环节工作人员的人工费用等。

第二节　模拟实训资料

一、企业基本信息

企业名称：大连顺达物流有限公司

企业类型：2013年8月"营改增"之后被认定为增值税一般纳税人

经营地址：大连市中山区解放路30号

开户行：中国银行大连市中山广场支行

账号：396656318319

经营范围：主要从事货运代理业务

纳税人识别号：210202098788761

二、经济业务及有关原始凭证

1.6月2日，为大连华新自动化有限公司提供货运代理服务，款项尚未收到。

证表 1－1

大连增值税专用发票

No 00378780

2102133170

此联不作报销、扣税凭证使用　　开票日期：2014 年 6 月 02 日

<table>
<tr>
<td rowspan="4">购货单位</td>
<td colspan="2">名　　　　称：大连华新自动化有限公司
纳税人识别号：210213986219317
地址、电话：大连市开发区东北街 29 号
0411－87219000
开户行及账号：招商银行开发区支行
34900581200910001</td>
<td rowspan="4">密码区</td>
<td colspan="4">1－4/68＊－/4080－51＞/6＊＊2－/＋－1
59＋110－28－60335＋＜＊0/＞5240＞4
25＋8＜11＊5－6＞853－＋＊497/－＊＞3＜
/＞9268＞47050＊－66037＞99＋9＜20</td>
</tr>
<tr>
<td colspan="3">货物或应税劳务名称　规格型号　单位　数量</td>
<td>单价</td>
<td>金额</td>
<td>税率</td>
<td>税额</td>
</tr>
<tr>
<td colspan="3"></td>
<td></td>
<td>15 628.30
¥15 628.30</td>
<td>6%</td>
<td>937.70
¥937.70</td>
</tr>
<tr>
<td colspan="6">价税合计（大写）　⊗壹万陆仟伍佰陆拾陆元整　　（小写）　¥16 566.00</td>
</tr>
<tr>
<td rowspan="3">销货单位</td>
<td colspan="2">名　　　　称：大连顺达物流有限公司
纳税人识别号：210202098788761
地址、电话：辽宁省大连市中山区解放路30
号 0411－38808911
开户行及账号：中国银行大连市中山广场支
行396656318319</td>
<td>备注</td>
<td colspan="4">大连顺达物流有限公司
210202098788761
发票专用章</td>
</tr>
</table>

收款人：　　　　复核：李红　　　　开票人：于丽　　　　销货单位：（章）

2.6月3日，为日本梿枫仪器（大连）有限公司提供进出口货运代理服务和代理报关服务，代付进口增值税5 605.28 元。

证表 2 – 1

大连 海关 进口增值税专用缴款书

收入系统：税务系统　　　填发日期：2014 年 5 月 27 日　　　号码：No09 – 1220141121000626 – 102

<table>
<tr><td rowspan="3">收款单位</td><td>收入机关</td><td colspan="4">中央金库</td><td rowspan="2">缴款单位</td><td>单位名称</td><td colspan="2">椏枫仪器（大连）有限公司</td><td rowspan="9" style="writing-mode:vertical-rl">第一联（收据）国库收款签章后交缴款单位或缴纳人</td></tr>
<tr><td>科　目</td><td colspan="2">进口增值税</td><td>预算级次</td><td>中央</td><td>账　号</td><td colspan="2"></td></tr>
<tr><td>收款国库</td><td colspan="4">工商行大连中山办</td><td>开户银行</td><td colspan="2"></td></tr>
<tr><td></td><td>税号</td><td>货物名称</td><td>数量</td><td>单位</td><td colspan="2">完税价格 ¥</td><td>税率（%）</td><td>税款金额 ¥</td></tr>
<tr><td></td><td>17.8542310000</td><td>集成电路</td><td>500.00</td><td>个</td><td colspan="2">32 972.23</td><td>17.0000</td><td>5 605.28</td></tr>
<tr><td></td><td colspan="4">金额人民币（大写）伍仟陆佰零伍元贰角捌分</td><td colspan="2"></td><td>合计（¥）</td><td>¥ 5 605.28</td></tr>
<tr><td></td><td colspan="2">申请单位编号 210298006061</td><td colspan="3">报关单编号 09122014T1210006</td><td colspan="3" rowspan="3"></td></tr>
<tr><td></td><td colspan="2">合同批文号 D00025446</td><td colspan="3">运输工具号 JL827</td></tr>
<tr><td></td><td colspan="2">缴款期限 2014 年 6 月 11 日前</td><td colspan="3">提装货号 13148295984 – 0320</td></tr>
<tr><td></td><td colspan="8">备注：一般贸易　照章征税　2014 – 5 – 23
国标代码：210211747876393JPY</td></tr>
</table>

制单人：093918　　复核人：

收款国库（银行）

从填发缴款书之日起 15 日内缴纳（期末遇法定节假日顺延），逾期按日征收税款总额百分之五滞纳金

3．6 月 5 日，公司运输车辆在星海湾加油站加油 200 元。

证表 3 – 1

中国石油天然气股份有限公司大连销售分公司（卷票）

商业货物销售发票

发 票 联

INVOICE

发票代码　121021422321

发票号码　00739421

机打票号　0000012080013693　　　收款员　王艳如

收款单位：中国石油大连销售分公司（星海湾加油站）

税务登记号　210202716951354

日期　2014/06/12

付款单位：大连顺达物流有限公司

项目	单价	数量	金额
车用乙醇汽油	7.61	26.281 21	200.00

小写合计　¥200.00

大写合计　贰佰元整

单位主管　　　　　　　　　　　　会计

4.6 月 8 日，接银行通知，收到之前大连华新自动化有限公司的代理费。

证表 4－1

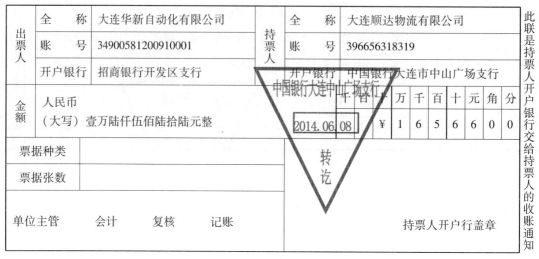

中国银行　进账单（收账通知）1

2014 年 06 月 08 日

出票人	全　　称	大连华新自动化有限公司	持票人	全　　称	大连顺达物流有限公司									
	账　　号	34900581200910001		账　　号	396656318319									
	开户银行	招商银行开发区支行		开户银行	中国银行大连市中山广场支行									
金额	人民币（大写）壹万陆仟伍佰陆拾陆元整					千	百	十	万	千	百	十	元	角	分
					¥		1	6	5	6	6	0	0
票据种类														
票据张数														
单位主管　　会计　　复核　　记账				持票人开户行盖章										

此联是持票人开户银行交给持票人的收账通知

5.6 月 8 日，收到日本桠枫仪器（大连）有限公司支付的代理费 30 000 元。

证表 5－1

大连银行进账单

2014 年 06 月 08 日　　　　　　　　　　　　　　（收账通知）

出票人	全　　称	日本桠枫仪器（大连）有限公司									
	账　　号	009012—00000088654									
	开户银行	三菱东京日联银行（中国）有限公司大连分行									
金额	人民币（小写）	亿	千	百	十	万	千	百	十	元	角	分
					¥				0	0	0	0
收款人	全　　称	大连顺达物流有限公司									
	账　　号	349100202602008									
	开户银行	大连银行安居支行									
票据种类				票据张数							
票据号码											
收款人开户银行盖章											

证表 5－2

大连增值税专用发票

№ 00378780

2102133170

此联不作报销、扣税凭证使用　　开票日期：2014 年 6 月 08 日

<table>
<tr><td rowspan="3">购货单位</td><td>名　　　称：日本桠枫仪器（大连）有限公司</td><td rowspan="3">密码区</td><td rowspan="3">1 - 4/68 * - /4080 - 51 >/6 * * 2 - / + - 1
59 + 110 - 28 - 60335 + < * 0/ > 5240 > 4
25 + 8 < 11 * 5 - 6 > 853 - + * 497/ - * > 3 <
/ > 9268 > 47050 * - 66037 > 99 + 9 < 20</td></tr>
<tr><td>纳税人识别号：210213986219317
地　址、电话：大连市西岗区北京街 321 号
　　　　　　　0411 - 87219000</td></tr>
<tr><td>开户行及账号：三菱东京日联银行（中国）有限
　　　　　　　公司大连分行 34900581200910001</td></tr>
</table>

货物或应税劳务名称	规格型号	单位	数量	单价	金额	税率	税额
代理费					28 301.89		1 698.11
					¥ 28 301.89	6%	¥ 1 698.11

价税合计（大写）　⊗叁万元整　　　　　　　　　（小写）¥ 30 000.00

<table>
<tr><td rowspan="3">销货单位</td><td>名　　　称：大连顺达物流有限公司</td><td rowspan="3">备注</td><td rowspan="3"></td></tr>
<tr><td>纳税人识别号：210202098788761
地　址、电话：辽宁省大连市中山区解放路 30
　　　　　　　号 0411 - 38808911</td></tr>
<tr><td>开户行及账号：中国银行大连市中山广场支
　　　　　　　行 396656318319</td></tr>
</table>

收款人：　　　复核：李红　　　　开票人：于丽　　　销货单位：（章）

6.6 月 10 日，支付第二季度银行回单箱费用。

证表 6－1

中国银行　　　　　　批量收费客户回单

机构名称：中国银行大连中山广场支行营业部

机构号：04854

账户名称：大连顺达物流有限公司

账号：396656318319

收费名称：出租电子回单箱费用

应收金额：75.00

实收金额：75.00

未收金额：0.00

收费日期：20140610

摘要：2014 年 4 月—6 月出租电子回单箱费用

时间：2014 - 06 - 10　14：52：30　　　　　打印次数：1（自助设备打印，注意避免重复）

7.6 月 12 日，支付大连中铁外服国际货运代理有限公司运费 81 500 元。

证表 7 - 1

大连增值税普通发票

发票联   No 00180931

2102133170   开票日期：2014 年 6 月 12 日

| 购货单位 | 名　　　称：大连顺达物流有限公司
纳税人识别号：210202098788761
地　址、电话：辽宁省大连市中山区解放路
　　　　　　　30 号 0411 - 38808911
开户行及账号：中国银行大连市中山广场支
行 396656318319 | 密码区 | 1 - 4/68 * - /4080 - 51 >/6 * * 2 - / + - 1
59 + 110 - 28 - 60335 + < * 0/ > 5240 > 4
25 + 8 < 11 * 5 - 6 > 853 - * * 497/ - * > 3 <
/ > 9268 > 47050 * - 66037 > 99 + 9 < 20 |

货物或应税劳务名称	规格型号	单位	数量	单价	金额	税率	税额
运费					81 500.00		
合　　计					￥81 500.00		￥0.00

价税合计（大写）	⊗ 捌万壹仟伍佰圆整		（小写）￥81 500.00

| 销货单位 | 名　　　称：大连中铁外服国际货运代理有
　　　　　　　限公司
纳税人识别号：210202744377409
地　址、电话：大连市中山区港湾街 7 号
　　　　　　　0411 - 82798811
开户行及账号：交通银行营口大石桥支行
　　　　　　　218056100018010047012 | 备注 | 大连中铁外服国际货运代理有限公司
210202744377409
发票专用章 |

收款人：　　　　　复核：张楠　　　　　开票人：张楠　　　　　销货单位：（章）

第二联：发票联　购货方记账凭证

证表 7 - 2

大连银行企业网银回单（付款）

回单凭证

日期：2014 年 6 月 12 日	流水号：147832	回单编号：201406180001561

付款人全称：大连顺达物流有限公司
付款人账号：800206202001943　　　　　付款人开户行：中山支行安居
收款人全称：大连中铁外服国际货运代理有限公司
收款人账号：218056100018010047012　　　收款人开户行：301328000036
金额小写：￥81 500.00
金额大写：人民币捌万壹仟伍佰元整

大连银行中山支行营业部
电子回单专用章

记账员：V9902　　　复核员：V9902　　　打印柜员：　　　　　打印时间 2014 - 06 - 12 15：06：36
打印网点：0012701　　　　　验证码：5500064515　　　设备编号：DD0130212001

8.6 月 15 日，以现金缴纳补充工伤保险 72 元。

证表 8 - 1

中国人民健康保险股份有限公司大连分公司
大连市补充工伤保险专用发票

发票联

发票代码　221021425203
发票号码　10032730

开票日期：2014 - 06 - 15

单位名称：　大连顺达物流有限公司	
项　　目：　团体补充工伤保险	
编　　号：　00133945000023	批单号： 210202669220793
金额（大写）：柒拾贰元整	（小写）：￥72.00
日　　期：　　2014 - 06 - 15	

公司名称　　　　　　　　　　　复核　　　　　　　　　　　经手人：UW9103
公司签章　　　　地址：大连市中山区上海路 51 路宏孚大厦 1908 室　　　电话：4006695518
公司纳税人识别号：　　　　　　　　　　　　　　　　　　　　　　（手写无效）

本发票限于 2014 年 7 月 31 日前填开使用有效

9. 6 月 18 日，支付大连市道路运输协会会费。

证表 9 - 1

辽宁省社会团体会费统一收据

辽财政监字第 1601 号

2014 年 6 月 18 日

校验码：1400030115
No 1400030115

交款单位或个人	大连顺达物流有限公司		
项目名称	标　准	数　量	金　额
会费			2 000.00
金额（大写）贰仟元整			￥2 000.00

收款单位（印章）　　　　　　收款人（章）　任松　　　　　支票号　3364

第二联　收据（由交款人收执）

证表 9 – 2

中国银行

转账支票存 根
10509130
03108065

附加信息

出票日期 2014 年 6 月 15 日

收款人：
金　额：￥2 000.00
用　途：会费

单位主管：　　　　会计：

10. 6 月 20 日，开出转账支票一张，支付大通国际物流（大连）有限公司物流费 19 380 元。

证表 10 – 1

大连增值税专用发票　　　　№ 00180931

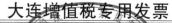

发票联

2102133170　　　　　　　　　　　　　　　　开票日期：2014 年 6 月 20 日

购货单位	名　　称：大连顺达物流有限公司 纳税人识别号：210202098788761 地 址、电 话：辽宁省大连市中山区解放路30号 0411 – 38808911 开户行及账号：中国银行大连市中山广场支行 396656318319				密码区	1 – 4/68 ＊ – /4080 – 51 >/6 ＊ ＊ 2 – / + – 1 59 + 110 – 28 – 60335 + ＜ ＊ 0/ > 5240 > 4 25 + 8 <11 ＊ 5 – 6 > 853 – + ＊ 497/ – ＊ > 3 < / > 9268 > 47050 ＊ – 66037 > 99 + 9 < 20	
货物或应税劳务名称	规格型号	单位	数量	单价	金额	税率	税额
			1	18 283.02	18 283.02	6%	1 096.98
合　　计					￥18 283.02		￥1 096.98
价税合计（大写）	⊗壹万玖仟叁佰捌拾元整				（小写）￥19 380.00		
销货单位	名　　称：大通国际物流（大连）有限公司 纳税人识别号：210202332670981 地 址、电 话：大连市中山区杏林街23 号 0411 – 82791222 开户行及账号：中国建设银行大连西岗支行 21900811000018010047012				备注		

收款人：　　　　复核：王玉　　　　开票人：王玉　　　　销货单位：（章）

第三联：发票联 购货方记账凭证

证表 10 – 2

中国银行

转账支票存 根

10509130

03108065

附加信息＿＿＿＿＿＿＿＿＿＿＿

＿＿＿＿＿＿＿＿＿＿＿＿＿＿＿＿

＿＿＿＿＿＿＿＿＿＿＿＿＿＿＿＿

出票日期 2014 年 6 月 20 日

收款人：
金　额：￥19 380.00
用　途：物流费

单位主管：　　　会计：

11. 6 月 21 日，为大连金隆商贸公司提供货运代理服务，当日收到银行转来的汇入款项通知单，金额为 21 200 元。

证表 11 –1

大连增值税专用发票

No 00378780

2102133170

此联不作报销、扣税凭证使用　开票日期：2014 年 06 月 21 日

<table>
<tr><td rowspan="4">购货单位</td><td>名　　称：大连金隆商贸公司</td><td rowspan="4">密码区</td><td rowspan="4">1 − 4/68 ＊ − /4080 − 51 ＞/6 ＊ ＊ 2 − / ＋ − 1
59 ＋ 110 − 28 − 60335 ＋ ＜ ＊0/ ＞5240 ＞4
25 ＋ 8 ＜11 ＊ 5 − 6 ＞853 − ＋ ＊497/ − ＊ ＞3 ＜
/ ＞9268 ＞47050 ＊ − 66037 ＞99 ＋ 9 ＜ 20</td></tr>
<tr><td>纳税人识别号：210213986219317</td></tr>
<tr><td>地　址、电　话：大连市开发区东北街 29 号
0411 − 87219000</td></tr>
<tr><td>开户行及账号：建设银行黄河支行
34900581200910001</td></tr>
</table>

<table>
<tr><td>货物或应税劳务名称</td><td>规格型号</td><td>单位</td><td>数量</td><td>单价</td><td>金额</td><td>税率</td><td>税额</td></tr>
<tr><td></td><td></td><td></td><td></td><td></td><td>20 000.00</td><td>6%</td><td>1 200.00</td></tr>
<tr><td></td><td></td><td></td><td></td><td></td><td>¥ 20 000.00</td><td></td><td>¥ 1 200.00</td></tr>
</table>

价税合计（大写）　⊗贰万壹仟贰佰元整　　　　　　　　　　（小写）¥ 21 200.00

<table>
<tr><td rowspan="4">销货单位</td><td>名　　称：大连顺达物流有限公司</td><td rowspan="4">备注</td><td rowspan="4"></td></tr>
<tr><td>纳税人识别号：210202098788761</td></tr>
<tr><td>地　址、电　话：辽宁省大连市中山区解放路 30
号 0411 − 38808911</td></tr>
<tr><td>开户行及账号：中国银行大连市中山广场支
396656318319</td></tr>
</table>

收款人：　　　　　　复核：李红　　　　　　开票人：于丽　　　　销货单位：（章）

证表 11 –2

中国建设银行
China Construction Bank

中国建设银行单位客户专用回单

币别：人民币　　　　　　2014 年 06 月 21 日　　　　　流水号：2126400612UXA3BZ2GF

<table>
<tr><td rowspan="3">付款人</td><td>全　称</td><td>大连金隆商贸公司</td><td rowspan="3">收款人</td><td>全　称</td><td>大连顺达物流有限公司</td></tr>
<tr><td>账　号</td><td>34900581200910001</td><td>账　号</td><td>25388099994217</td></tr>
<tr><td>开户行</td><td>建行黄河支行</td><td>开户行</td><td>建行长星分理处</td></tr>
<tr><td>金额</td><td colspan="2">（大写）人民币壹拾万贰仟肆佰捌拾元整</td><td colspan="2">（小写）¥ 21 200.00</td></tr>
<tr><td>凭证种类</td><td colspan="2">电子转账凭证</td><td>凭证号码</td><td>020480786159</td></tr>
<tr><td>结算方式</td><td colspan="2">转账</td><td>用途</td><td>代理费</td></tr>
</table>

汇划日期：2014 − 06 − 21　汇划款项编号：00498427
报文顺序号：00498427　汇入行行号：253888
汇入行行名：中国建行银行股份有限公司辽宁省分行
业务类型：0000　原凭证金额：21 200.00
原凭证种类：0038　原凭证号码：020480786159
附言：代理费

打印柜员：212640061002
打印机构：大连长星分理处
打印卡号：2020000001007436

电子回单专用章
（01）

打印时间：2014 − 06 − 21 10：01：33　　交易柜员：K00000000001　　交易机构：212640061

12.6 月 23 日，以现金支付邮政快递费 2 000 元。

证表 12 - 1

大连市国家税务局通用机打发票

发票代码：121021310121

发票号码：01027179

发票联

21/01027179

2014 年 06 月 23 日　　　行业分类：部分现代服务业　　　查询码：2155458467638968

名　　　　称：大连顺达物流有限公司
纳税人识别号：210202098788761
地　址、电话：辽宁省大连市中山区解放路 30 号 0411 - 38808911
开户行及账号：中国银行大连市中山广场支行 396656318319

项目及摘要	单位	数量	单价	金额
快递费		1	2 000	2 000.00

金额合计（大写）　贰仟元整	（小写）：￥2 000.00

名　　　　称：辽宁省邮政速递物流有限公司大连市分公司	备注
纳税人识别号：210203554979302	
地　址、电话：大连市西岗区高峰街 11 号 0411 - 83704133	
开户行及账号：中国邮政储蓄银行股份有限公司大连港湾支行 9210001020000388912	

收款人：王凤　　　　复核人：王凤　　　　开票人：王凤　　　　销货单位（章）

13.6 月 25 日，企业收到银行转来的第二季度银行存款结算单据，企业存款利息 3 800 元。

证表 13 - 1

存款利息回收单

No 00221213

回 单 凭 证

开票日期：2014 年 06 月 21 日

2700032561

收款人户名：利息支出	币种：人民币
收款人账号：253888	付款人开户行：中山广场支行
收款人户名：大连顺达物流有限公司	
收款人账号：396656318319	收款人开户行：中山广场支行
金额（小写）：3 800.00	科目：20008 对方科目 26003
金额（大写）：人民币叁仟捌佰元零角零分	
摘要：季度结息	
利率：0.385%　　积数：14，534，392.76	计息周期：20140321 至 20140620

第 1 次打印　记账员：99999　　复核员：　　打印柜员：　　打印时间：2014 - 06 - 25

打印网点：0010101　　验证码：21502744517　　设备编号：

14.6 月 27 日，取得公司定点加油站开来的本月公司运输车辆加油的增值税专用发票，金额共计 25 000 元。

证表 14-1

15.6 月 29 日，开出转账支票，支付大连公路货物运输市场诚实货运代理部运费41 700元。

证表 15-1

证表 15−2

货物运输业增值税专用发票

代开 2102133760

2102133760

00037594

No 00037591

（国家税务总局监制）

发票联

开票日期：2014 年 06 月 29 日

承运人员纳税人识别号	大连公路货物运输市场诚实货运代理部 210211787318425	密码区	03/ + + +054 + 4 −/1 > 0 > 6 + + 6017 < 09/4 + 0 − 474 3 + /310—325 + 7171 + 2 > 9 + > 998 + 968 − 49 < 857 < 80674 + 99480645 + 04 < 852151 + 312 < + 5 < + 80 2531 + 57381 + + < − 6 + < 201/ + /8094/3 > < 6 > 70 +
实际受票方及纳税人识别号	大连顺达物流有限公司 210202098788761		

收货人及纳税人识别号	大连顺达物流有限公司 210202098788761	发货人及纳税人识别号	大连顺达物流有限公司 210202098788761

费用项目及金额	起运地、经由、到达地				运输货物信息
	费用项目 运费	金额 40 485.44	费用项目	金额	

合计金额	￥40 485.44	税率	3%	税额	￥1 214.56	机器编号	499900695190

价税合计（大写） 　肆万壹仟柒佰元整　　发票专用（小写） 41 700.00

车种车号	辽 BJ0300	车船吨位	1.49	备注	完税凭证号码：213818000013939433 2135130000010970133
主管税务机关及代码	甘井子国税局全运物流货运代开站点 12102119995				

收款人：　　　复核人：　　　开票人：高强　　　承运人：（章）

第三章

商贸企业会计模拟实训

 **本章导读**

　　商贸企业是以购进商品和销售商品为主要业务的经济组织，其活动内容主要是商品的购、销，以及在购销过程中发生的运输和储存业务。与其他企业相比，商贸企业的经营业务虽然不十分复杂，但具有一定的特点和代表性，会计核算流程相对完整。而且，商贸企业在国民经济体系中占有比较重要的地位，学生掌握商贸企业的会计核算方法非常重要。本章以商贸企业作为模拟实训企业的蓝本，介绍商贸企业的业务流程及特点，并给出了模拟实训企业2014年10月份日常生产经营活动所涉及经济业务的原始凭证，学生可以运用所学会计理论知识对这些经济业务进行必要的会计核算，巩固所学的理论知识，提高学生的实践技能。

实训目标

　　本章重点是要求学生在了解商贸企业基本业务特点后，熟悉商贸企业的一般业务程序和核算流程，掌握主要业务的会计核算方法，包括商品购进和销售，商品的暂估入账，商品退回等，要求学生会填制和审核这些主要业务的原始凭证、记账凭证。

第一节　行业基本介绍

　　商贸企业的最大特点就是企业本身不进行产品生产，而是通过买进商品、销售商品，来完成商品由生产者到消费者转移的过程，并从中获取利润。一般来说，我们可以从企业法人营业执照上轻松判断一个企业是不是商贸企业。具体判断标准有两条：一是看名称；二是看经营范围。商贸企业的名称中一般都带有"商贸"、"商业"、"贸易"等字眼，其经营范围通常为"批发"或"零售"。

　　商贸企业的业务流程主要是通过商品的购销行为，以及在购销过程中发生的运输和储存业务，由此来完成商品由生产领域到消费领域转移的过程。这一业务流程可以概括为采购、仓储、运输、销售四个方面。商品的采购、仓储、运输、销售是流通过程中的四个基本环节。其中，商品的购进和销售是商业企业最重要的业务环节。

一、采购

采购是指企业为满足和保障销售活动而进行的一系列业务活动，包括申请采购、制订采购计划、发出采购订单、采购商品入库、付款五个基本环节。

1. 申请采购

申请采购是采购业务的起点，一般由企业需求部门填制采购申请单，向采购部提出需求商品的种类以及数量等相关信息。采购申请单的内容主要包括请购部门，日期，需购商品的名称、单位、数量、希望到货时间，请购理由，以及相关人员的审批签字等。

采购申请单通常为一式三联，由请购部门、采购部门和财务部各持一联。财务部持有采购申请单，主要是在后期审核采购合同时使用。

2. 制订采购计划

采购部门接到采购申请后，就可以开始向供应商询价，货比三家后，结合供应商的报价单制订采购计划，提交总经办审批。审批通过后，由采购部门负责实施采购。对于小额采购，会计人员可不参与采购计划的订制。但企业大额的长期采购，会对财务状况造成影响，过多的存货会占用企业大量的资金，因此，会计人员应当参与这类采购计划的制订，提出合理的建议。

3. 发出采购订单

采购计划经过批准后，下达给采购部门，由采购部门安排采购事务，向供应商发出采购订单，并与供应商签订合同。本环节中，会计人员应当对合同进行审核，如将标的物信息与采购申请单和采购计划比对，审核付款方式等。

4. 采购商品入库

采购商品到货后，由仓库进行验收，核对数量无误并检验合格后即可入库。入库时，由仓库人员填写入库单。本环节中，根据供应商开票情况通常会出现三种情况：货票一起到；票到货未到；货到票未到。会计人员应当及时获取相关单据，并进行相应的账务处理。

5. 付款

付款时应由采购部门填写付款申请书，向财务部申请付款。财务部收到经相关人员审批的付款申请书后，由出纳按采购部申请的付款方式向供应商付款。付款流程如下图所示：

本环节中，会计人员应关注两个重要事项：①审核审批程序是否符合财务制度规定；②出纳付款后将付款凭证移交给会计，会计应及时入账。

在实务中，除了上述采购环节，对于已经采购入库、尚未售出的商品，会计人员还应加强日常管理，定期进行清查、盘点，并对发生的财产盘盈、盘亏进行相应处理。

二、仓储

商业企业的仓储，简单来说就是将采购的商品储存在指定的仓库。仓储的主要目的是保证销售时有足够的货源。从采购商品到商品出库，会计人员应当加强对货物的管理，以防丢失、毁损和变质，并及时做好各项登记工作。

1. 入库作业

企业采购商品抵达仓库前，仓库人员应根据该批商品的特点安排好仓位；商品抵达后，由仓库管理员进行验收，并填写验收单或入库单。商品入库后，仓库管理员应当将入库单的财务联移交给财务部。会计人员根据入库单及其他资料进行入账。

2. 日常管理

商品入库后，仓库人员应定期查验商品，对各类商品登记造册，分类存放，尤其是对近似商品，要能够区分清楚，确保不出错误。财务部也应当加强对在库商品的管理，具体内容包括：①在库商品信息的管理，及时跟踪商品账面信息；②在库商品实物的管理，定期组织财产清查，进行盘点，并编制盘点表。

3. 出库作业

在实务中，仓库人员收到发货通知后，应根据发货清单上的信息发出商品，并做好相应的出库登记工作，由仓库管理员填制出库单。商品出库后，仓库管理员应当将出库单的会计联移交给财务部。会计人员根据出库单及其他资料进行账务处理。

三、运输

商品企业商品流转过程中，为保证销售业务顺利进行，运输环节是必不可少的（客户上门提货除外）。本环节通常有两种运输方式：一是托运，二是直运。

1. 托运

托运就是企业将自己发出的商品，委托专门的物流公司进行运输。实务中，批发企业通常采用托运方式进行运输。托运流程：①办理托运，②仓库提货，③在途运输，④商品移交，⑤办理结算。

2. 直运

直运是指企业为了及时保证销售业务，专门成立一个配送部门负责商品运输业务。实务中，零售企业通常采用直运方式进行运输。直运流程：①商品调拨②仓库提货③打包装车④在途运输⑤商品移交。

四、销售

商品销售是商业活动中最重要的环节，商业企业的一切活动都是围绕最终的商品销售进行的。销售活动（零售行业的现销除外）一般包括以下五个步骤：销售报价、评审客户、接受订单、商品出库、销售结算。

1. 销售报价

销售报价是指由销售部比照产品市场价格等多方面因素确定产品售价后，向客户报价，即让客户知道企业产品的价格。本环节中，会计人员通常不参与。

2. 评审客户

实务中，企业销售业务发生前，应对即将达成协议的潜在客户的信用、偿债能力等尽可能多地进行调查分析，这样才能确保企业货款安全。同时，对已经实现的销售业务，应当及时与客户对账并催收货款，尽量减少坏账。本环节通常由销售部进行，会计人员不参与。

3. 接受订单

交易双方商定价格，本企业收到客户采购订单后，要与客户签订购销合同。与客户签订购销合同时，会计人员应对合同内容进行审核，重点关注标的物是否与订单一致、收款方式是否明确等。

4. 商品出库

企业销售商品时，仓管应根据合同上注明的信息发货，确保发出货物与发货通知单上的产品型号、名称、数量一致，做到出库登记，正确填写出库单，并向财务部移交出库单的会计联。

5. 销售结算

发出货物，会计人员根据客户信息开具销售发票后，即可确认销售收入。客户验收货物后，应按照合同约定条款办理款项结算工作。

第二节　模拟实训资料

一、企业基本信息

企业名称：大连华宝经贸有限公司
经营地址：大连市中山区港湾路 100 号
开户行：中国银行大连杏林街支行
账号：3290888756321409
经营范围：主营中高档红酒的批发、零售业务
纳税人识别号：21080993561123

二、经济业务及有关原始凭证

1. 10 月 3 日，从大连国丰投资发展有限公司购入天赋珍藏干红 80 瓶，商品已验收入库，款项尚未支付。

证表 1-1

大连增值税专用发票

№ 00180931

2102133170

发票联

开票日期：2014 年 10 月 03 日

购货单位	名　　称：大连华宝经贸有限公司 纳税人识别号：21080993561123 地　址、电话：大连市中山区港湾路 100 号 　　　　　　　0411－36670988 开户行及账号：中国银行大连杏林街支行 　　　　　　　3290888756321409	密码区	1－4/68＊－/4080－51＞/6＊＊2－/＋－1 59＋110－28－60335＋＜＊0/＞5240＞4 25＋8＜11＊5－6＞853－＋＊497/－＊ ＞3＜ /＞9268＞47050＊－66037＞99＋9＜20

货物或应税劳务名称	规格型号	单位	数量	单价	金额	税率	税额
天赋珍藏干红	750	ml	80	117.521 37	9 401.71	17%	1 598.29
合　　计					￥9 401.71		￥1 598.29

价税合计（大写）	⊗壹万壹仟元整		（小写）　￥11 000.00

销货单位	名　　称：大连国丰投资发展有限公司 纳税人识别号：210202332670981 地　址、电话：大连市中山区友好路 23 号 　　　　　　　0411－82791222 开户行及账号：中国建设银行大连西岗支行 　　　　　　　219008110001801004	备注	

收款人：　　　　　　复核：王玉　　　　　　开票人：王玉　　　　销货单位：（章）

第三联：发票联　购货方记账凭证

证表 1-2

入　库　单

供货单位	大连国丰投资发展有限公司				
商品名称	规格型号	单 位	数 量	单 价	金 额
天赋珍藏干红	13 503	瓶	80	117.52	9 401.71
合 计			80	合 计	9 401.71

2.10 月 5 日，向大连源达有限公司销售干红一批，收到转账支票一张，已存入银行。

证表 2 – 1

中国银行进账单（收账通知）1

2014 年 10 月 05 日

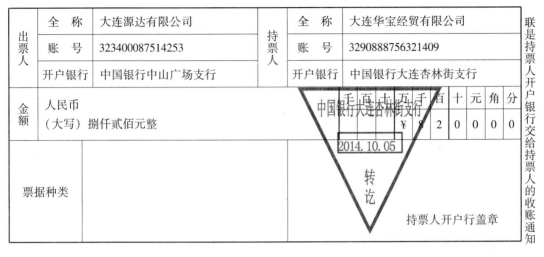

出票人	全 称	大连源达有限公司		持票人	全 称	大连华宝经贸有限公司
	账 号	323400087514253			账 号	3290888756321409
	开户银行	中国银行中山广场支行			开户银行	中国银行大连杏林街支行

金额	人民币（大写）捌仟贰佰元整	千 百 十 万 千 百 十 元 角 分 ¥ 8 2 0 0 0 0

中国银行大连杏林街支行
2014.10.05
转讫

票据种类

持票人开户行盖章

联是持票人开户银行交给持票人的收账通知

证表 2 – 2

大连增值税专用发票

№ 00378780

2102133170

国家税务总局监制

此联不作报销、扣税凭证使用　开票日期：2014 年 10 月 05 日

购货单位	名 称：大连源达有限公司 纳税人识别号：210213986219317 地 址、电 话：大连市中山区七七街 12 号 0411 – 87219000 开户行及账号：中国银行中山广场支行 323400087514253	密码区	1 –4/68 * – /4080 –51 >/6 * * 2 –/ + –1 59 +110 – 28 – 60335 < * 0/ >5240 >4 25 +8 <11 * 5 – 6 >853 – * *497/ – * >3 < / >9268 >47050 * – 66037 >99 + 9 < 20

货物或应税劳务名称	规格型号	单位	数量	单价	金额	税率	税额
奔富 398 干红	750mL	瓶	100	70.085 47	7 008.55	17%	1 191.45
					¥ 7 008.55		¥ 1 191.45

价税合计（大写）	⊗捌仟贰佰元整	（小写）　¥ 8 200.00

销货单位	名 称：大连华宝经贸有限公司 纳税人识别号：21080993561123 地 址、电 话：大连市中山区港湾路 100 号 0411 – 36670988 开户行及账号：中国银行大连杏林街支行 3290888756321409	备注	大连华宝经贸有限公司 21080993561123 发票专用章

第一联：记账联 销货方记账凭证

收款人：　　　　复核：李红　　　　开票人：于丽　　　　销货单位：（章）

3. 10 月 8 日，支付大连国丰投资发展有限公司货款，发生汇款手续费 15.5 元。

证表 3 – 1

国内跨行大额汇款凭证

业务编号：560002311　　渠道标号：CMTT2333333　　业务类型：C100

发起行行号：1049998888　　汇款人开户行行号：1049998888　　汇出行委托日期：2014/10/08

汇款人开户行名称：中国银行大连杏林街支行

汇款人账号：3290888756321409

汇款人名称：大连华宝经贸有限公司

接收行行号：21233559　　收款人开户行行号：21233559　　汇出行经办日期：2014/10/08

收款人开户行名称：中国建设银行大连西岗支行

收款人账号：219008110001801004

收款人名称：大连国丰投资发展有限公司

汇款币种、金额：CNY 11 000.00

大写金额：人民币壹万壹仟元整

手续费币种、金额：CNY 0.50

大写金额：人民币伍角

电子汇划费币种、金额：CNY 15.00

大写金额：人民币壹拾伍元整

此联为客户回单　　　　　　　　　　　　　　　　银行盖章

4. 10 月 15 日，支付银行对公账户维护费 35 元。

证表 4 – 1

中国银行辽宁省分行
特种转账借方传票

2014 年 10 月 15 日　　　　　　　　　　（借）

付款单位	全称	大连华宝经贸有限公司		收款单位	全称	中国银行								
	账号或地址	3290888756321409			账号或地址									
	开户银行	中行杏林街支行	行号		开户银行		行号								
金额	人民币（大写）	人民币伍元整				千	百	万	千	百	十	元	角	分
											¥ 5		0	0
	短信费													
											（银行盖章）			

复核　　　　　　　记账　　　　　　　制票

证表 4 – 2

批量收费通知单（对公）

交易日期：2014/10/15　　　　交易机构：04367　　　　交易流水号：966768499

付款人名称：大连华宝经贸有限公司
付款人账号：3290888756321409
账户类别：　　　　　　　　册号：
付款人开户行：中国银行大连杏林街支行

收费名称：对公账户维护费
应收金额：CNY30.000

实收金额（小写）：CNY30.000
实收金额（大写）：人民币叁拾元整

此联为客户回单　　　　　　　　　　　银行盖章

5.10 月 16 日，向大连华龙联合担保有限公司销售天赋珍藏干红 24 瓶，已经办好托收手续。

证表 5 –1

大连增值税专用发票　　　№ 00378780

2102133170

此联不作报销、扣税凭证使用　开票日期：2014 年 10 月 16 日

购货单位	名　　称：大连华龙联合担保有限公司 纳税人识别号：210213986219317 地　址、电话：大连市西岗区北京街 212 号 　　　　　0411 – 87219000 开户行及账号：中国工商银行北京街支行 　　　　　323400087514253				密码区	1 – 4/68 * – /4080 – 51 >/6 * * 2 – / + – 1 59 + 110 – 28 – 60335 + < * 0/ > 5240 > 4 25 + 8 < 11 * 5 – 6 > 853 – + * 497/ – * > 3 < / > 9268 > 47050 * – 66037 > 99 + 9 < 20		
货物或应税劳务名称	规格型号	单位	数量	单价	金额		税率	税额
天赋珍藏干红		瓶	24	169.230 769	4 061.54		17%	690.46
					￥4 061.54			￥690.46
价税合计（大写）　⊗肆仟柒佰伍拾贰元整					（小写）　￥4 752.00			
销货单位	名　　称：大连华宝经贸有限公司 纳税人识别号：21080993561123 地　址、电话：大连市中山区港湾路 100 号 　　　　　0411 – 36670988 开户行及账号：中国银行大连杏林街支行 　　　　　3290888756321409				备注			

收款人：　　　　　复核：李红　　　　　开票人：于丽　　　　　销货单位：（章）

第一联：记账联　销货方记账凭证

证表 5 – 2

托收凭证（回单） 1

委托日期：2014 年 10 月 16 日　　付款期限：　年 月 日　　　　　　编号：573605

业务类型		委托收款（□电划 □邮划）		托收承付（□电划 □邮划）			
收款人	全　称	大连华宝经贸有限公司	付款人	全　称	大连华龙联合担保有限公司		
	账号或住址	3290888756321409		账号或住址	3240087514253		
	开户银行	中国银行大连杏林街支行		开户银行	中国工商银行北京街支行		
金额	人民币（大写）	肆仟柒佰伍拾贰元整		千 百 十 万 千 百 十 元 角 分 ¥ 4 7 5 2 0 0			
款项名称	货款	委托收款凭证名称	发票	附单证张数			
备注							

6. 10 月 18 日，向深圳市鹏城海物流有限公司大连分公司支付货运代理费 12 000 元。

证表 6 – 1

大连增值税专用发票

2102133170

No 00180931

发票联

开票日期：2014 年 10 月 18 日

购货单位	名　称：大连华宝经贸有限公司 纳税人识别号：21080993561123 地 址、电话：大连市中山区港湾路 100 号 0411 – 36670988 开户行及账号：中国银行大连杏林街支行 3290888756321409	密码区	1 – 4/68 * – /4080 – 51 >/6 * * 2 – / + – 1 59 + 110 – 28 – 60335 + < * 0/ > 5240 > 4 25 + 8 < 11 * 5 – 6 > 853 – + * 497/ – * > 3 < / > 9268 > 47050 * – 66037 > 99 + 9 < 20

货物或应税劳务名称	规格型号	单位	数量	单价	金额	税率	税额
运费					11 320.75	6%	679.25
合　计					¥11 320.75		¥679.25

价税合计（大写）	⊗壹万贰仟元整		（小写） ¥12 000.00

销货单位	名　称：深圳市鹏城海物流有限公司大连分公司 纳税人识别号：210202332670981 地 址、电话：大连市中山区港湾街 20 号 0411 – 82791222 开户行及账号：工行二七广场支行 219008110001801004	备注	深圳市鹏城海物流有限公司大连分公司 210202332670981 发票专用章

收款人：　　　　复核：王玉　　　　　开票人：王玉　　　销货单位：（章）

第三联：发票联 购货方记账凭证

证表 6 – 2

中国银行

转账支票存 根
10509130
03108065

附加信息 _____

_____

_____

出票日期 2014 年 10 月 18 日

收款人：	
金　额：￥12 000.00	
用　途：运费（代理费）	

单位主管：　　　　　会计：

7. 10 月 20 日，大连华龙联合担保有限公司发现 16 日所购干红沉淀物过多，存在瑕疵，要求给予一定的折让。经协商，公司在价格上给予其 10% 的折让。

证表 7 – 1

大连增值税专用发票　　　№ 00378780

2102133170

此联不作报销、扣税凭证使用　开票日期：2014 年 10 月 20 日

购货单位	名　　　称：大连华龙联合担保有限公司 纳税人识别号：210213986219317 地　址、电话：大连市西岗区北京街 212 号 0411 – 87219000 开户行及账号：中国工商银行北京街支行 323400087514253	密码区	1 – 4/68 * – /4080 – 51 >/6 * * 2 – / + –1 59 + 110 – 28 – 60335 + < * 0/ >5240 >4 25 +8 <11 * 5 – 6 >853 – + * 497/ – * >3 < / >9268 >47050 * – 66037 >99 +9 <20			
货物或应税劳务名称	规格型号	单位	数量	单价	金额	税率	税额
天赋珍藏干红		瓶	24	16.923 076 9	406.15 ￥406.15	17%	69.05 ￥69.05
价税合计（大写）　　⊗肆佰柒拾伍元贰角					（小写）￥475.20		
销货单位	名　　　称：大连华宝经贸有限公司 纳税人识别号：21080993561123 地　址、电话：大连市中山区港湾路 100 号 0411 – 36670988 开户行及账号：中国银行大连杏林街支行 3290888756321409	备注	大连华宝经贸有限公司 21080993561123 发票专用章			

收款人：　　　复核：李红　　　开票人：于丽　　　销货单位：（章）

证表 7-2

开具红字增值税专用发票通知单

填开日期：2014 年 10 月 18 日

NO. 2014098

销售方	名　称	大连华宝经贸有限公司	购买方	名　称	大连华龙联合担保有限公司
	税务登记代码	21080993561123		税务登记代码	210213986219317

开具红字发票内容	货物（劳务）名称	单价	数量	金额	税额
	天赋珍藏干红	16. 923 076 9	24	406. 15	69. 05
	合计	——	——	406. 15	69. 05

说明	需要作进项税额转出□ 不需要作进项税额转出□ 　　纳税人识别号认证不符□ 　　专用发票代码、号码认证不符□ 　　对应蓝字专用发票密码区内打印的代码：2102133170 　　　　　　　　　　　　　　　号码：00378780 开具红字专用发票理由：商品瑕疵

经办人：张丽　　　　负责人：　　　　主管税务机关名称（印章）：大连市西岗区国税局

8. 10 月 21 日，从大连市祥云酒品商行购入穗乐仙干红 10 瓶，单价 89 元，款项以现金支付，商品已验收入库。

证表 8-1

入　库　单

供货单位	大连市祥云酒品商行				
商品名称	规格型号	单位	数量	单价	金额
穗乐仙干红		瓶	10	89	890. 00
合计			10	合计	890. 00

证表 8 – 2

大连市国家税务局通用手工发票

发票联

发票代码　121021319872

发票号码　04889613

付款单位：大连华宝经贸有限公司　　　　2014 年 10 月 21 日

项 目 内 容	金　额						备　注
	千	百	十	元	角	分	
穗乐仙　　10 瓶 ×89 元		8	9	0	0	0	
合计人民币：捌佰玖拾元整 （大写）		8	9	0	0	0	

大国税字(13)053 号 大连盛福票证 7 月

第二联　发票联

收款单位名称：大连市沙河口区祥云酒品商行　　　　开票人：丁玲

收款单位税号：210209990010209765

9. 10 月 23 日，向大连兴安管理顾问有限公司支付咨询费 3 600 元。

证表 9 – 1

大连增值税专用发票

发票联

№ 00180931

2102133170　　　　　　　　　　　　　　　　开票日期：2014 年 10 月 23 日

购货单位	名　　　　　称：大连华宝经贸有限公司 纳税人识别号：21080993561123 地 址、电 话：大连市中山区港湾路 100 号 　　　　　　　　0411 – 36670988 开户行及账号：中国银行大连杏林街支行 　　　　　　　　3290888756321409	密码区	1 – 4/68 * – /4080 – 51 >/6 * * 2 – / + – 1 59 + 110 – 28 – 60335 + < * 0/ > 5240 > 4 25 + 8 < 11 * 5 – 6 > 853 – + * 497/ – * / > 3 < / > 9268 > 47050 * – 66037 > 99 + 9 < 20

货物或应税劳务名称	规格型号	单位	数量	单价	金额	税率	税额
咨询费			1	3 396.226 42	3 396.23	6%	203.77
合　计					¥ 3 396.23		¥ 203.77

价税合计（大写）	⊗叁仟陆佰元整		（小写）　¥ 3 600.00

销货单位	名　　　　　称：大连兴安管理顾问有限公司 纳税人识别号：21020290008356 地 址、电 话：大连市西岗区石葵路 323 号 　　　　　　　　0411 – 82791222 开户行及账号：中国工商银行石葵路分理处 　　　　　　　　410200988885421	备注	

第三联：发票联　购货方记账凭证

收款人：　　　　复核：王玉　　　　开票人：王玉　　　　销货单位：（章）

证表 9 – 2

中国银行

转账支票存 根

10509130

03108065

附加信息 _____

_____

_____

出票日期 2014 年 10 月 23 日

收款人：	
金　额：￥3 600.00	
用　途：咨询费	

单位主管：　　　　会计：

10. 10 月 31 日，公司将其从大连国宏酒业有限公司购入的一批干红暂估入账。该批商品已于 28 日入库，但 31 日发票账单尚未收到，公司估价 10 870 元。

证表 10 – 1

入　库　单

供货单位	大连国宏酒业有限公司					
商品名称	规格型号	单位	数量	单价	金额
奔富 128			50	149	7 450.00
奔富珍藏			30	114	3 420.00
合计（大写）			80	合计	10 870.00

第四章

酒店企业会计模拟实训

本章导读 ★

　　酒店企业是凭借自己的经营场所，向宾客提供住宿、餐饮、娱乐及休闲项目等商业性服务的经济组织。其经营特点表现为以服务为中心，辅之以生产和商品流通，直接为消费者服务。虽然酒店会计在账务处理等方面的基本原理与一般会计处理是一致的，但由于酒店业特殊的经营方式，其会计核算与其他行业相比，存在着很多的特殊之处。本章以酒店企业作为模拟实训企业的蓝本，介绍酒店企业会计核算的内容和特点，并给出了模拟实训企业 2014 年 6 月份日常生产经营活动所涉及经济业务的原始凭证，学生可以运用所学会计理论知识对这些经济业务进行必要的会计核算，巩固所学的理论知识，提高学生的实践技能。

实训目标 ★

　　本章重点是要求学生在了解酒店企业基本业务特点后，熟悉酒店企业的一般业务程序和核算流程，掌握主要业务的会计核算方法，包括客房、餐饮业务，要求学生会填制和审核这些主要业务的原始凭证、记账凭证。

第一节　行业基本介绍

一、酒店企业简介

　　改革开放以来，我国酒店业迅速发展，酒店规模和营业范围也在不断扩大。伴随着酒店数量的增多和服务项目的增加，酒店业作为一个新兴的行业越来越受人们的关注。酒店企业凭借自己的经营场所，向宾客提供住宿、餐饮、娱乐及休闲项目等商业性服务。其中，住宿服务在酒店总体业务构成上所占比重最大，是酒店最主要的业务。餐饮服务所占的比重虽然小于住宿服务，但是餐饮服务的好坏会直接影响酒店的经济效益和声誉，更会进一步影响酒店的竞争力。与客房服务相比，餐饮服务为酒店贡献利润的波动性更大。而娱乐和休闲项目服务对于很多经济型酒店来说，由于一般宾客很少享用这些服务，因此酒店为了压缩成本，往往不提供这方面的服务；而对于档次较高的酒店而言，有特色的娱乐和休闲项目可以彰显酒店的特色。目前，我国根据酒店的建筑、装潢、服务项目等标准，将酒店划分为五个等级。

二、酒店企业会计核算的内容和主要特点

酒店属于第三产业，从总体来讲，其经营特点表现为以服务为中心，辅之以生产和商品流通，直接为消费者服务。虽然酒店会计在账务处理等方面的基本原理与一般会计处理是一致的，但由于酒店业特殊的经营方式，其会计核算与其他行业相比，存在着很多的特殊之处。因此，酒店企业的会计核算需要在了解会计基本原理的前提下，结合酒店日常经营业务的特点来开展。

虽然酒店的业务在不断扩大，但对于多数宾客来说，房费可能是其在酒店中的唯一消费。因此，对客房服务的核算是酒店会计中一项十分重要的工作。在对客房服务进行核算时，我们要注意其特点，即客房服务仅有收入和费用，没有成本。除此之外，酒店企业的核算内容还包括餐饮服务和娱乐及休闲项目服务。其中，餐饮服务既有收入和费用，又有成本，但成本的内容和计算方法和工业企业有所不同；而娱乐及休闲项目由于种类繁多，会计核算相对复杂，要求财务人员必须掌握对相关业务的处理操作。从这里我们可以看出，酒店业务所具有的特殊性使会计核算具有了与之不同的特点，下面我们分几个方面进行介绍：

在收入核算方面，酒店营业收入的构成比较复杂，房金、电话、食品、餐费和赔偿等都可能成为酒店的收入来源，而一般的工业企业的销售来源则主要是销售商品，相对比较单一。因此，在收入核算上，会计人员必须谨慎区分这些不同性质的收入，对不同性质的收入进行不同的处理。比如电话费收入，一般酒店客房内都会备有电话，如果客人在住宿期间使用了电话，则需要在基本房金之外另付电话费，但这笔收到的电话费实际上并不能构成酒店的收入，因为酒店实际上在客人使用电话的时候，就已经向电信运营商交纳了电话费，客人交给酒店方面的电话费，实际上就是酒店收到了原来的垫支款。又如，酒店客房中的设施如果被客人无意损坏，则客人需要赔偿酒店的损失，这种赔偿也要根据实际情况而定。如果酒店收取的赔偿金仅能用来更换新的物品，那么这种赔偿实际上并不能构成酒店的营业收入，而应该冲减相关的费用。如果酒店将保健、游艺等相关经营项目出租给其他人员，则酒店应当已收到的租金作为收入列示，并交纳营业税费和房产税等相关税金。同时，如果酒店内设自营小型商店，则可按照一般商业零售企业的会计核算方法进行会计核算。

在成本费用核算方面，酒店的成本一般包括两个部分，一个是餐饮制品成本，另一个是销售商品成本。其中，餐饮制品成本与工业企业的成本核算方法有所不同，它只需考虑餐饮制品原材料、辅料、调料等相关材料的购进成本即可，无须考虑工资等相关因素。财务人员在月末对厨房的未用原材料、辅料、调料进行盘点，然后与上月末的盘点结果和本月新购入部分进行比较，倒挤出当月的销售酒水、食品、纪念品等，与一般的商业零售企业核算方法基本相同，这里不再赘述。酒店的费用仍然包括销售费用、管理费用和财务费

用三个部分，其基本原理与一般会计原理相同，但财务人员要注意以下几点。其一，酒店的固定资产投资和装修相对比较频繁，其中，固定资产投资的折旧费应当按照各部门实际占用量进行分配，无法按该方式分配的则统一列入管理费用即可，由于酒店的装修一般数额较大，因此一般需要列入长期待摊费用进行分期摊销。其二，酒店的床上用品损耗情况比较严重，一般三年左右就需要进行更新，当大批购进床上用品时也需列入长期待摊费用进行分期摊销。

在税金核算方面，酒店不像其他工业和商业零售企业一样需要缴纳增值税，而需交纳的是营业税，这样一来，酒店的纳税操作和核算就相对比较简单了。酒店税金核算的特点在于税种较多，比如客房、餐饮、娱乐等营业活动需要交纳营业税，而内设商店则需要按照小规模纳税人增值税征收率来交税。除了这两项税金之外，酒店还需要交纳其他的税金。当酒店有前面提到过的房产出租业务时，需要在营业税费之外再交纳12%的房产税。酒店的所得税纳税方式有两种：第一种是分月预交，查账征收，到年终按照查账核实的税额进行多退少补；第二种是无论盈亏，均按照核定的所得税额进行逐月交纳。

在应收账款核算方面，酒店会计和一般的工业企业有所不同。一般的工业企业的"应收账款"账户只是用来核算挂账经济业务的，而不反映真正实现的全部销售收入。但在酒店会计工作中，不管客人是"先付款后住店"，还是"先住店后付款"，每天发生的各项收入都应通过"应收账款"账户进行核算。同时，"应收账款"账户下设两个十分重要的明细科目，分别是"应收账款"和"预收账款"，其中，"应收账款"中的累积发生额反映了酒店已经实现的全部收入，而"预收账款"中的累计发生额反映了已经收到的所有货币资金，这两个二级账户在年内分别累积，双方互不干预，只有到了年末的时候才相互冲转，将冲转后的余额视借贷方向的不同保留在"应收账款"或"预收账款"账户中，同时结转到下年账户中。

第二节　模拟实训资料

一、企业基本信息

企业名称：艾米亚酒店

经营地址：沈阳市皇姑区千盛路121号

纳税人识别号：210212892012303

经营范围：主要从事旅店客房、餐饮等业务

二、经济业务及有关原始凭证

1.6月7日，财会部门收到总台交来现金等有关结算单据及当日"营业收入日报表"。（说明：该酒店采用先收款后住店的核算方式，使用银行卡结算，银行要扣除1%的手续费）

证表 1 – 1

营业收入日报表

2014 年 6 月 7 日 （单位：元）

营业收入日报表					预收房金		备注
项目	单人间	标准间	套房	合计			
房金	1 800	6 200	3 000	11 000	上日结存	26 000	
加床				0	本日应收	11 250	
饮料	36	92	22	150	本日交付	8 000	
食品	24	58	18	100	其中：库存现金	5 800	
电话费				0	支票		
赔偿				0	银行卡	2 200	
其他							
合计	1 860	6 350	3 040	11 250			
出租客房间数：58 间					本日结存	22 750	
空置客房间数：23 间					长款：	短款：	

证表 1 – 2

辽宁省沈阳市地方税务局通用机打发票

记账联

发票号码 2101010101
发票号码 36789

开票日期 2014 – 6 – 7　　行业分类　旅店业　　类型单位

查询码	21010101013678900000	密码区	机打代码 2101010101
税控码	14253612421512		机打号码 36789
机器编号	2101010057723		
付款方名称	东科投资	付款方证件号码	
收款方名称	艾米亚酒店	收款方识别号	210212892012303

开具项目	人数	住宿日期起	住宿日期止	天数	单价
住宿费	32	2014 – 6 – 6	2014 – 6 – 7	1	180

合计金额（大写）人民币伍仟柒佰陆拾元整	小写 5 760.00 883312345678988
备注	主管税务机关 沈阳市皇姑区地税局 及代码 21010110000

收款单位盖章：　　　　　收款人：王丽　　　　　开票人：张艳

第二联 记账联（收款方记账凭证）

证表 1 – 3

辽宁省沈阳市地方税务局通用机打发票

记账联

发票号码　2101010101

发票号码　36790

开票日期　2014 – 6 – 7　　　　行业分类　旅店业　　　　类型单位

查询码　2101010101367890000 税控码　14253612421512 机器编号　2101010057723	密码区	机打代码 2101010101 机打号码 36789
付款方名称　东科投资公司	付款方证件号码	
收款方名称　艾米亚酒店	收款方识别号	210212892012303

开具项目	人数	住宿日期起	住宿日期止	天数	单价
住宿费	26	2014 – 6 – 6	2014 – 6 – 7	1	211. 15

合计金额（大写）人民币伍仟肆佰玖拾元整	¥5 490. 00

备注		主管税务机关 及代码	沈阳市皇姑区地税局 21010110000

收款单位盖章：　　　　　　收款人：王丽　　　　　　开票人：张艳

证表 1 – 4

押　金　收　据

收款日期 2014 年 6 月 7 日　　　　　　　　　　　　　编号：SK201400123

付款单位 （交款人）	谭明	收款单位 （收款人）	艾米亚酒店							收款项目			押金

人民币	贰仟伍佰元整	千	百	十	万	千	百	十	元	角	分	结算方式
						¥ 2	5	0	0	0	0	现金

收款事由	客房押金	经办人	王丽

收款单位签章	交款人	谭明

证表 1 –5

押 金 收 据

收款日期 2014 年 6 月 7 日 编号：SK201400124

付款单位 （交款人）	张小明	收款单位 （收款人）	艾米亚酒店					收款项目			押金		

		千	百	十	万	千	百	十	元	角	分	结算方式
人民币	叁仟叁佰元整					¥ 3	3	0	0	0	0	现金
收款事由	客房押金				经办人			王丽				
收款单位签章					交款人			张小明				

第二联 收款单位记账依据

证表 1 –6

押 金 收 据

收款日期 2014 年 6 月 7 日 编号：SK201400125

付款单位 （交款人）	李东东	收款单位 （收款人）	艾米亚酒店					收款项目			押金		

		千	百	十	万	千	百	十	元	角	分	结算方式
人民币	贰仟贰佰元整					¥ 2	2	0	0	0	0	银行存款
收款事由	客房押金				经办人			王丽				
收款单位签章					交款人			李东东				

第二联 收款单位记账依据

证表 1 –7

内部交款单 （收款凭证）

2014 – 6 – 7 0165431

交款项目	摘要	交款金额								收讫印
		十	万	千	百	十	元	角	分	
客房收入	2010 年 6 月 7 日客账汇总			8	0	0	0	0	0	
合计	人民币（大写）⊗拾⊗万捌仟零佰零拾零元零角零分									¥ 8 000.00

合计主管（或审核） 记账 出纳 张宏 交款人 王丽

附单据 张

证表 1 – 8

押 金 收 据

收款日期 2014 年 6 月 6 日 　　　　　　　　　　　　　　　　编号：SK201400100

付款单位 （交款人）	林红	收款单位 （收款人）		艾米亚酒店		收款项目				押金			第二联 收款单位记账依据
人民币	伍仟柒佰陆拾元整	千	百	十	万	千	百	十	元	角	分	结算方式	
						¥ 5	7	6	0	0	0	现金	
收款事由	客房押金			经办人			王丽						
收款单位签章				交款人			林红						

证表 1 – 9

押 金 收 据

收款日期 2014 年 6 月 6 日 　　　　　　　　　　　　　　　　编号：SK201400105

付款单位 （交款人）	马小倩	收款单位 （收款人）		艾米亚酒店		收款项目				押金			第三联 给付款单位做依据
人民币	伍仟肆佰玖拾元整	千	百	十	万	千	百	十	元	角	分	结算方式	
						¥ 5	4	9	0	0	0	现金	
收款事由	客房押金			经办人			王丽						
收款单位签章				交款人			马小倩						

证表 1-10

特约商户名称：	
	艾米亚酒店
终端机号　15060636	
特约商户编号　2054233	

卡别/卡号　　　　　　　　操作员号
发卡方：中行中银卡
　6227 60＊＊　＊＊＊1213
交易类别　房费　　　　　有效期　2017/03
批次号码　03028　　　　查询号　　　121
日期/时间　2014/06/07　08：03：17
序号　　2101780223　　授权号　34567

　　　　　　　　　　　RMB　¥ 2 200.00

流水号：001222
持卡人：WANG QING

　　　　同意支付上述款项
　　　　（持卡人签字）
　　　　　　王清

商户存根

2. 6 月 11 日，酒店的客房部领用客房用品一批，总价 2 700 元。

证表 2-1

艾 米 亚 酒 店

领 料 单

领料单位：客房部
第 005 号　　　　　　　　2014 年 6 月 11 日

材料编号	品　名	单　位	数量	单位实际成本	总价（元）	备注
	客房用品	批	1		2 700.00	
用　途	客房				库管员	领用人
					王红	李力

3. 6 月 15 日，酒店发生客房电视机修理费 250 元，总经理办公室电脑修理费 300 元，

以现金支付。

证表 3 - 1

报 销 单

2014 年 6 月 15 日

人民币（大写）伍佰伍拾元整　　　¥ 550.00	借方科目		
用途说明：电视机修理费 250 元，	一级科目		
电脑修理费 300 元	二级科目		
	明细科目		
	金　额		
报销部门主管　陈力明　　　　　经办人　赵新	记　账		

附单据　　张

4. 6 月 18 日，购买客房用品一批，共计 9 800 元。

证表 4 - 1

沈阳市国家税务局通用手工发票

发票联

发票代码：121021310431

发票号码：05022112

付款单位：艾米亚酒店　　　　　　　　2014 年 6 月 18 日

项目内容	金额						备注
	千	百	十	元	角	分	
客房用品		9	8	0	0	0	0	
合计人民币（大写）　玖仟捌佰元整	9	8	0	0	0	0	

第二联　发票联

收款单位名称：大海客房用品有限公司　　　　　　　　开票人：张三

收款单位税号：

5. 6 月 20 日，收到 28 日婚宴定金 2 000 元。

证表 5 – 1

押 金 收 据

收款日期 2014 年 6 月 20 日   编号：SK201400155

付款单位（交款人）	杨阳	收款单位（收款人）	艾米亚酒店					收款项目			押金		
人民币	贰仟元整		千	百	十	万	千	百	十	元	角	分	结算方式
							¥ 2	0	0	0	0	0	现金
收款事由	婚宴定金		经办人				王丽						
收款单位签章			交款人				杨阳						

证表 5 – 2

内部交款单（收款凭证）

2014 – 6 – 20   0165440

交款项目	摘要	交款金额								收讫印
		十	万	千	百	十	元	角	分	
餐饮定金	收杨阳婚宴定金			2	0	0	0	0	0	
合计	人民币（大写）⊗拾⊗万贰仟零佰零拾零元零角零分									¥ 2 000.00

合计主管（或审核）   记账   出纳 张宏   交款人 王丽

附单据 张

6.6 月 26 日，餐饮部购买原材料，大米 10 袋，每袋 150 元；面 10 袋，每袋 200 元；油 10 桶，每桶 100 元；肉类 1 000 元；海鲜 3 000 元；蔬菜 2 000 元。

证表 6 – 1

沈阳市国家税务局通用手工发票

发票联   发票代码：121021310567
发票号码：050223512

付款单位：艾米亚酒店   2014 年 6 月 26 日

项 目 内 容	金额						备注
	千	百	十	元	角	分	
大米	1	5	0	0	0	0	
面	2	0	0	0	0	0	
油	1	0	0	0	0	0	
合计人民币（大写） 肆仟伍佰元整	4	5	0	0	0	0	

收款单位名称：富贵日杂公司   开票人：张平
收款单位税号：

证表 6 – 2

沈阳市国家税务局通用手工发票

发票联

发票代码：1210221325642

发票号码：030205672

付款单位：艾米亚酒店　　　　　　　2014 年 6 月 26 日

项 目 内 容	金额						备注
	千	百	十	元	角	分	
肉类	1	0	0	0	0	0	
海鲜类	3	0	0	0	0	0	
蔬菜类	2	0	0	0	0	0	
合计人民币（大写）　陆仟元整	6	0	0	0	0	0	

收款单位名称：日丽副食品超市　　　　　　　　　　　　　开票人：白丽

收款单位税号：

7. 6 月 28 日，婚宴餐费 17 800 元，扣除定金 2 000 元后挂账。其中主副食 14 200 元，酒水 3 400 元，加工费 200 元。

证表 7 – 1

艾米亚酒店餐饮账单

日期：2014 年 6 月 28 日

服务员：张小梅

	品名	单价	数量	金额
1	婚宴套餐	1 420	10	14 200
2	酒水	340	10	3 400
3	加工费	100	2	200
	合计			17 800

客户签字：杨阳

证表 7 – 2

艾米亚酒店餐饮挂账单

日期：2014 年 6 月 28 日

服务员：张小梅

餐费	已交定金	挂 账
17 800	2 000	15 800
备注	婚宴套餐共 10 桌	
挂账金额	人民币（大写）壹万伍仟捌佰元整	

经办人：张小梅　　　　　　　　　　　欠款人：杨阳

审批人：王丹

证表 7－3

辽宁省沈阳市地方税务局通用机打发票

记账联

发票代码 2101010101

发票号码 36890

开票日期 2014－6－28 　　行业分类 旅店业 　　　类型单位

查询码	2101010101367890000	密码区	机打代码 2101010101	
税控码	14253612421512		机打号码 36789	
机器编号	2101010057723			
付款方名称	杨阳		付款方证件号码	
收款方名称	艾米亚酒店		收款方识别号	210212892012303
开具项目				
餐费				17 800
合计金额（大写）人民币壹万柒仟捌佰元整			小写17 800.00	
备注			代码	21010110000

收款单位盖章： 　　　　　收款人：王丽 　　　　　开票人：张艳

8.6 月 29 日，为宣传酒店餐厅新推出的业务，发生广告灯箱费用 200 元。

证表 8－1

沈阳市国家税务局通用手工发票

发票联

发票代码：1210221321234

发票号码：030205111

付款单位：艾米亚酒店 　　　　　2014 年 6 月 29 日

项目内容	金额						备注
	千	百	十	元	角	分	
广告灯箱		2	0	0	0	0	
合计人民币（大写） 　贰佰元整	￥	2	0	0	0	0	

收款单位名称：风和广告制作有限公司 　　　　　　开票人：李明

收款单位税号：

9. 6月30日，收回杨阳婚宴挂账餐费15 800元。

证表 9 - 1

内部交款单（收款凭证）

2014 - 6 - 30　　　　　　　　　　　　　　0165442

交款项目	摘要	交款金额								收讫印	
		十	万	千	百	十	元	角	分		附单据张
餐饮收入	收回杨阳婚宴挂账款		1	5	8	0	0	0	0		
合计	人民币（大写）⊗拾壹万伍仟捌佰零拾零元零角零分									￥15 800.00	

合计主管（或审核）　　　　记账　　　出纳 张宏　　　交款人 王丽

10. 艾米亚酒店餐饮部"原材料"账户的6月初余额为2 500元，本月购进原材料总额为31 000元，月末实际结存总额为3 000元。采用实地盘存法计算耗用的原材料成本。

11. 艾米亚酒店2014年6月付工资30 000元，其中客房部15 000元，餐饮部10 000元，管理部门5 000元。

12. 艾米亚酒店2014年6月发生布草清洗费用3 370元，其中客房部3 070元，餐饮部300元。

证表 12 - 1

洗衣房 2014 年 6 月份结算单

序号	项目	数量	单价	金额
1	床单	200	2.5	500
2	被罩	200	3.5	700
3	浴巾	200	2	400
4	毛巾	257	1	257
5	浴袍	240	4	960
6	方巾	506	0.5	253
7	台布	150	2	300
	金额			￥3 370.00

洗衣房经办人　张力　　　　　酒店经办人　王芳
洗衣房店长　胡小丽　　　　　酒店负责人　李明

13. 艾米亚酒店2014年6月份收入为200 000元，营业税按5%计提，城建税按营业税的7%计提，教育费附加按营业税的3%计提，地方教育费附加按营业税的2%计提。

14. 2014 年 6 月，艾米亚酒店所有的房屋共计提折旧 320 000 元，其中管理部门实际 10% 的面积、实际占用 80% 的面积，餐厅实际占用 10% 的面积。

15. 艾米亚酒店 2014 年 7 月 5 日，缴纳上月营业税、城建税、教育费附加、地方教育费附加。

证表 15 - 1

盛京银行 电子缴税付款凭证 回单凭证

记账日期：2014 年 07 月 05 日 流水号：400123 回单编号：201407050008811

纳税人全称和识别号：艾米亚酒店 210212892012303

*付款人户名：艾米亚酒店

*付款人账号：438357681070981 征收机关名称：沈阳市皇姑区地方税务局

付款人开户行：盛京银行营业部 收款国库（银行）名称：国家金库沈阳市皇姑区支库

金额（小写）：¥10 000.00 缴款书交易流水号：57246702

金额（大写）：人民币壹万元整

凭证编号：221021140023039191

税（费）种名称	所属日期	实缴金额
营业税	2014 \ 06 \ 01 至 2014 \ 06 \ 30	¥10 000.00

第一次打印 记账员：D9911 复核员：D9911 打印柜员：

打印时间：2014 - 07 - 05 10：22：46 打印网点：0015901 验证码：27270204622

证表 15 - 2

盛京银行 电子缴税付款凭证 回单凭证

记账日期：2014 年 07 月 05 日 流水号：400124 回单编号：201407050008812

纳税人全称和识别号：艾米亚酒店 210212892012303

*付款人户名：艾米亚酒店

*付款人账号：438357681070981 征收机关名称：沈阳市皇姑区地方税务局

付款人开户行：盛京银行营业部 收款国库（银行）名称：国家金库沈阳市皇姑区支库

金额（小写）：¥700.00 缴款书交易流水号：57246703

金额（大写）：人民币柒佰元整

凭证编号：221021140023039192

税（费）种名称	所属日期	实缴金额
城建税	2014 \ 06 \ 01 至 2014 \ 06 \ 30	¥700.00

第一次打印 记账员：D9911 复核员：D9911 打印柜员：

打印时间：2014 - 07 - 05 10：22：46 打印网点：0015901 验证码：27270204622

证表 15 - 3

盛京银行　电子缴税付款凭证　　回单凭证

记账日期：2014 年 07 月 05 日　　流水号：400125　　　　　　回单编号：201407050008813

纳税人全称和识别号：艾米亚酒店　　　　　　　　　　　　　　210212892012303

＊付款人户名：艾米亚酒店

＊付款人账号：438357681070981　　　　征收机关名称：沈阳市皇姑区地方税务局

付款人开户行：盛京银行营业部　　　　　收款国库（银行）名称：国家金库沈阳市皇姑区支库

金额（小写）：￥300.00　　　　　　　缴款书交易流水号：57246704

金额（大写）：人民币叁佰元整

凭证编号：221021140023039193

税（费）种名称	所属日期	实缴金额
教育费附加	2014 \ 06 \ 01 至 2014 \ 06 \ 30	￥300.00

第一次打印　　　　记账员：D9911　　　　复核员：D9911　　　　打印柜员：

打印时间：2014 - 07 - 05　10：22：46　　　打印网点：0015901　　　验证码：27270204622

证表 15 - 4

盛京银行　电子缴税付款凭证　　回单凭证

记账日期：2014 年 07 月 05 日　　流水号：400126　　　　　　回单编号：201407050008814

纳税人全称和识别号：艾米亚酒店　　　　　　　　　　　　　　210212892012303

＊付款人户名：艾米亚酒店

＊付款人账号：438357681070981　　　　征收机关名称：沈阳市皇姑区地方税务局

付款人开户行：盛京银行营业部　　　　　收款国库（银行）名称：国家金库沈阳市皇姑区支库

金额（小写）：￥200.00　　　　　　　缴款书交易流水号：57246705

金额（大写）：人民币贰佰元整

凭证编号：221021140023039193

税（费）种名称	所属日期	实缴金额
地方教育费附加	2014 \ 06 \ 01 至 2014 \ 06 \ 30	￥200.00

第一次打印　　　　记账员：D9911　　　　复核员：D9911　　　　打印柜员：

打印时间：2014 - 07 - 05　10：22：46　　　打印网点：0015901　　　验证码：27270204622

附录1：工业企业会计模拟实训原始凭证

证表 1-1

滨海市建设银行（辽）

现金支票存 根

G 0 S 2 | 02365489

科　　目 ＿＿＿＿＿＿＿＿＿＿

对方科目 ＿＿＿＿＿＿＿＿＿＿

出票日期 2014 年 12 月 1 日

收款人：

金　额：10 000.00

用　途：提备用金

单位主管：　　　会计：

证表 2-1

滨海市建设银行（辽）

转账支票存 根

G 0 S 2 | 01890489

科　　目 ＿＿＿＿＿＿＿＿＿＿

对方科目 ＿＿＿＿＿＿＿＿＿＿

出票日期 2014 年 12 月 2 日

收款人：电视台

金　额：8000.00

用　途：广告费

单位主管：　　　会计：

证表 2-2

辽宁省增值税专用发票　No 00180931

发票联　　　　开票日期：2014 年 12 月 01 日

2102133170

购货单位	名　　　称：滨海市新世纪工业公司 纳税人识别号：210211559811146 地 址、电 话：辽宁省大连市中山区解放路30 号 0411－38808911 开户行及账号：建行长星分理处 253888	密码区	1-4/68 * -/4080 -51 >/6 * * 2 -/ + -1 59 +110 -28 -60335 + < *0/ >5240 >4 25 +8 <11 * 5 -6 >853 - + *497/ - * >3 < / >9268 >47050 * -66037 >99 +9 <20

货物或应税劳务名称	规格型号	单位	数量	单价	金额	税率	税额
广告费					7 547.17	6%	452.83
合　计					￥7 547.17		￥452.83

价税合计（大写）	⊗捌仟圆整	（小写）￥8 000.00

销货单位	名　　　称：滨海市电视台 纳税人识别号：210211696039439 地 址、电 话：滨海市中山区淮北路89号 82984688 开户行及账号：建行五一广场分理处 563669	备注	滨海市电视台 210211696039439 发票专用章

收款人：　　　复核：李明　　　开票人：赵丽　　　销货单位：（章）

第三联：发票联 购货方记账凭证

证表 3 -1

新世纪工业公司领料汇总表

001 号　发料仓库：原料库　　　　　　　　2014 年 12 月 3 日

领料单位	品名	单位	数量	单位实际成本	总价（元）	用途
一车间	A 材料	公斤	2 400	35.00	84 000.00	甲产品
一车间	B 材料	公斤	10 000	12.00	120 000.00	甲产品
汽车队	汽油	公斤	200	7.00	1 400.00	
机修车间	辅助材料	元			3 400.00	
合　　计					208 800.00	

证表 4 -1

辽宁省增值税专用发票

№ 00221213

2700032561　　　　　　　　记账联　　　　开票日期：2014 年 12 月 4 日

购货单位	名　　　称：明阳公司					〈43663 + 123 − / *4412　加密版本：01		
	纳税人识别号：510228512387020				密码区	56 //4512222445111　270032561		
	地址、电话：抚顺市建外大街 18 号 2365852					5444 + //12347777//　00221213		
	开户行及账号：工行建外支行 52388652103					123 * / − 7//23 〈12312		

货物或应税劳务名称	规格型号	单位	数量	单价	金额	税率	税额
甲产品		件	1 000	155	155 000.00	17%	26 350.00
乙产品		件	1 500	225	337 500.00	17%	57 375.00

价税合计（大写）	⊗伍拾柒万陆仟贰佰贰拾伍元零角零分	（小写）￥576 225.00

销货单位	名　　　称：滨海市新世纪工业公司	备注
	纳税人识别号：210504458963214	
	地址、电话：滨海市中山区淮北路 89 号 82984688	
	开户行及账号：建行长星分理处 253888	

收款人：　　复核：　　　　　　开票人：　　　　　　销货单位：（章）

证表 4 - 2

滨海市建设银行（辽）

转账支票存 根

$\frac{G}{0}$ $\frac{S}{2}$ 　06523215

科　　目 ＿＿＿＿＿＿＿＿＿

对方科目 ＿＿＿＿＿＿＿＿＿

出票日期 2014 年 12 月 4 日

收款人：
金　　额：25 000.00
用　　途：代垫运费

单位主管：　　　会计：

证表 4 - 3

辽宁省铁路局

货 票

计划号码及运输号码

货物运到期限　　　　日　　　　2014 年 12 月 4 日　　　　No002356

发站		河西站	到站（局）	光明站	车种车号		货车标重		铁路/发货人装车
发货人	名称	滨海市新世纪工业公司			施封号码				铁路/发货人施封
	住址	滨海市	电话	82984688	铁路货车篷布号码				
收货人	名称	明阳公司			集装箱号码				
	住址	抚顺市	电话	58458758	经由			运价里程	

货物名称	件数	包装	货物重量（公斤）		计费重量	运价类	运价率	现付	
			发货人确定	铁路确定				费别	金额
甲产品			1 000	1 000	1 000			运费	10 000.00
乙产品			1 500	1 500	1 500			运费	15 000.00
合 计									
记 事								合计	25 000.00

发站承运日期数　　　　　　　　　　　经办人签章

证表 5 – 1

中国建设银行电子缴税付款凭证

转账日期：2014 年 12 月 05 日 　　　　　　　　　凭证字号：20141205101099830

纳税人全称及纳税人识别号：滨海市新世纪工业公司 2100504458963214

付款人全称：滨海市新世纪工业公司

付款人账号：253888 　　　　　　征收机关名称：滨海市西井区地方税务局

付款人开户银行：中国建设银行滨海长星分理处　　收款国库（银行）名称：国家金库滨海市西井区支库

小写（合计）金额：￥12 200.00 　　　　缴款书交易流水号：2014120525841269

大写（合计）金额：人民币壹万贰仟贰佰元零角零分 　　　　　　税票号码：2413613988

税（费）种名称	所属时间	实缴金额
个所税	2014/11/01 – 2014/11/30	12 200.00
/ / — / /		0.00
/ / — / /		0.00
/ / — / /		0.00

第　1 次打印 　　　　　　　　　　　　　　　　　　打印日期：20141205

证表 6 – 1

陕西省增值税专用发票

№ 00323215

4700032561 　　　　　　　　　　　　　　　　　开票日期：2014 年 12 月 6 日

购货单位	名　　称：滨海市新世纪工业公司 纳税人识别号：210504458963214 地址、电话：滨海市中山区淮北路 89 号码 82984688 开户行及账号：建行长星分理处 253888	密码区	2236634563 – / ＊4412　加密版本：01 16//4512222445111　470032561 //44 +//14447777//　00323215 +/3 ＊/ – 7//23〈12312

货物或应税劳务名称	规格型号	单位	数量	单价	金额	税率	税额
B 材料		公斤	6 000	13.00	78 000.00	17%	13 260.00

价税合计（大写）	⊗玖万壹仟贰佰陆拾元零角零分	（小写）　￥91 260.00

销货单位	名　　称：陕西大宇厂 纳税人识别号：616735580529811 地址、电话：西安市创新路 110 号 65895421 开户行及账号：建行西昌支行 6921328644	备注	

收款人：　　　复核：　　　　　　开票人：　　　　销货单位：（章）

证表 6 - 2

陕西铁路局
运输货物丢失毁损赔偿通知单

新世纪工业公司：

　　由陕西大宇工厂托运 B 材料 6 000 公斤，为你单位接收货物。在运输途中毁损 700 公斤，价值 10 647 元，依据铁路货运章程规定，予以赔偿。

　　人民币大写：壹万零陆佰肆拾柒元整　　　　　　¥ 10 647. 00

　　上项处理意见于 2014 年 12 月 20 日前无异议，予以转账

顺至歉意　　　　陕西铁路管理局河西站货运处（章）　　　　2014 年 12 月 6 日

证表 6 - 3

新世纪工业公司
短缺、毁损材料进项税转出计算表

2014 年 12 月 6 日

材料名称	单位	短缺数量	单价	金 额	税 率%	进项税转出
B 材料	公斤	700	13. 00	9 100. 00	17	1 547. 00
合 计				9 100. 00		1 547. 00

主管会计　　　　　　　　　　记账　　　　　　　　　　　　　制表

证表 6 - 4

新世纪工业公司材料（产品）入库单

供应单位：陕西大宇　　　　　　2014 年 12 月 6 日　　　　　　字第 023 号

材料类别	材料名称	规格	计量单位	数量	实收数量	单价	金 额
	B 材料		公斤	6 000	5 300	13. 00	68 900. 00
检验 结果	合格　　检验员签章：				运杂费		740. 00
					合 计		69 640. 00

证表 6 – 5

铁路局运费杂费收据

付款单位或姓名：陕西大宇厂　　　　2014 年 12 月 6 日　　　　No 03645

原运输票据	年　月　日　第　　号		办理种别	
发　　　站	通口站		到　　站	河西站
车 种 车 号				
货 物 名 称	件数	包装	重量（吨）	计费重量（吨）
B 材料			6	6
类　　别	费　率	数　量	金　额	附记
运　　费			700.00	
装卸费			40.00	
合计金额（大写）柒佰肆拾元整			￥740.00	
收款单位：陕西铁路局　　　　　经办人：苏宁				

证表 7 – 1

新世纪工业公司材料（产品）入库单

供应单位：滨海市生产资料公司　　　　2014 年 12 月 6 日　　　　字第 024 号

材料类别	材料名称	规格	计量单位	数量	实收数量	单价	金　额
	D 材料		公斤	500	500	56.00	28 000.00
检验结果	合格	检验员签章：		运杂费			80.00
				合　计			28 080.00

证表 7 - 2

辽宁省增值税专用发票

№ 00221215

3700032461

开票日期：2014 年 12 月 6 日

购货单位	名　　　称：滨海市新世纪工业公司 纳税人识别号：210504458963214 地址、电话：滨海市中山区淮北路 89 号 　　　　　　82984688 开户行及账号：建行长星分理处 253888	密码区	//36634563 - / * 4412　加密版本：01 46//4512222445111　370032461 3444 + //14447777//　00221215 523 * / - 7//23〈12312

货物或应税劳务名称 D 材料	规格型号	单位 公斤	数　量 500	单　价 56.00	金　额 28 000.00	税率 17%	税　额 4 760.00

价税合计（大写）	⊗叁万贰仟柒佰陆拾元零角零分	（小写）￥32 760.00

销货单位	名　　　称：滨海市生产资料公司 纳税人识别号：516113598002389 地址、电话：滨海市南郊街 1 号 98525487 开户行及账号：工行南郊支行 10300754826	备注	滨海市生产资料公司 发票专用章 516113598002389

收款人：　　　　复核：　　　　　　开票人：　　　　销货单位：（章）

第三联：发票联 购货方记账凭证

证表 7 - 3

新世纪工业公司自运货物计费单

车号：B1253　　　　　　2014 年 12 月 6 日　　　　　承运单位：车队

货名	起止运地		体积重量	计费里程	货物等级	运输量 吨	费率	金额	杂费		
	起地	运地							项目	费率	金额
D 材料	东港	淮北		15		0.5		80.00			
合计								80.00			

证表 7 –4

滨海市建设银行（辽）

转账支票存 根

$\dfrac{G}{0}$ $\dfrac{S}{2}$ 01890473

科　　目 _____

对方科目 _____

出票日期 2014 年 12 月 6 日

| 收款人：生产资料公司 |
| 金　　额：32 760.00 |
| 用　　途：购 D 材料 |

单位主管：　　　　　会计：

证表 8 –1

辽财会账证 50 号

单位：机修车间

差 旅 费 报 销 单

2014 年 12 月 7 日填

月	日	时间	出发地	月	日	时间	到达地	机票费	车船费	夜车补助		市内车费		宿费		出差补助		其他	合计
										小时	金额	实支	包干	标准	实支	天数	金额		
11	28								240			35			325	2	120		720

合　　计			报销金额（大写）人民币：柒佰贰拾元	预借金额	800
出差任务			单位　　　　　部　　门　　　　　出 领导　　　　　负责人　　　　　差人	报销金额	720
				结余或超支	80

会计主管人员　　　　　记账　　　　　审核　　　　　附单据

证表 8－2

非经营性收款收据

收款日期 2014 年12 月 7 日

付款单位（交款人）	王丰	收款单位（领款人）	滨海市新世纪工业公司				收款项目					现金	
人民币（大写）	捌拾元整		千	百	十	万	千	百	十	元	角	分	结算方式
								¥	8	0	0	0	
收款事由	借款退还						经办	部门		财务处			
								人员					
上述款项照数收讫无误。收款单位财会专用章：（领款人签章）		会计主管	现 金 收 核讫			出 纳			交款人				

第二联 给收款单位记账

证表 9－1

中国联合网络通信有限公司滨海市分公司
电信业专用发票

收款方纳税人识别号：210203943626164　　2014 年 12 月 07 日

发票代码 221021315207
发票号码 11884314

用户名称	滨海市新世纪工业公司	电话号码	0411100020014312	局编账号	
合计金额	人民币：肆仟伍佰贰拾元零角零分（大写）			￥：4520.00	
项目	月固定费：140.00；语音通话费：3 650.00；可视电话费：100.00；增值业务费：300.00；上网费：320.00 元；网元/电路租用费 10.00；一次性费用：0.00。账号：253888交换号：5002　　　　　201412				

报销凭证（手写无效）

通话费周期：　　　付款方式：　　　收款员：　　　本发票限于 2015 年 1 月 31 日前填开使用有效

证表 10 –1

辽宁省增值税专用发票

№ 00221216

2700032561

开票日期：2014 年 12 月 7 日

购货单位	名　　　称：北京机械厂
	纳税人识别号：510258336041552
	地址、电话：北京市翠芳西路 108 号　62542154
	开户行及账号：工行西郊支行 28533205136

密码区

3663 + 123 – / * 4412　加密版本：01
56//4512222445111　270032561
//44 +//12347777//　00221216
123 * / – 7//23〈12312

货物或应税劳务名称	规格型号	单位	数量	单价	金额	税率	税额
丙产品		件	1 000	250. 00	250 000. 00	17%	42 500. 00

价税合计（大写）	⊗贰拾玖万贰仟伍佰元整	（小写）￥292 500. 00

销货单位	名　　　称：滨海市新世纪工业公司	备注
	纳税人识别号：210504458963214	
	地址、电话：滨海市中山区淮北路 89 号　码82984688	
	开户行及账号：建行长星分理处 253888	

收款人：　　　复核：　　　　开票人：　　　销货单位：（章）

证表 10 –2

铁路局运费杂费收据

付款单位或姓名：滨海市新世纪工业公司　　2014 年 12 月 7 日

№ 05623

原运输票据	年 月 日 第 号		办理种别	
发　　站	河西站		到　站	西郊站
车种车号				
货物名称	件数	包装	重量（吨）	计费重量（吨）
丙产品			20	20
类　别	费　率	数　量	金　额	附记
运费			920. 00	
装卸费			80. 00	
合计金额（大写）壹仟元整			￥1 000. 00	
收款单位：滨海铁路局		经办人：苏宁		

证表 10－3

中国财产保险公司滨海分公司

国内水路、铁路货物运输保险凭证 No 523614

本公司依照国内水路、铁路货物运输保险条款及凭证所注明的其他条件，对下列货物承保运输险：

被保险人：北京机械厂　　　　　　　　　　　　　投保人：滨海市新世纪工业公司

货物运输号码	货物名称	件数数量	中转地	目的地	运输工具起运日期	保险金额	保险费综合险	基本险	保险费
00523	丙产品	20 吨		西郊站	火车	250 000			120.00

复核：　　　　　　　　签章：　　　　　　　　代理处：

注意事项

1. 综合险包括基本险。
2. 凡在保险费率综合险或基本险栏内填明费率的即按该险别责任。
3. 如遇出险请凭本凭证第四联正本连同有关原件单据报出险当地保险公司处理。
4. 每笔最低保费为人民币壹元。

第四联由被保险人存执

证表 10－4

滨海市建设银行（辽）

转账支票存 根

G S
0 2　　01890477

科　　目 ＿＿＿＿＿＿＿＿＿

对方科目 ＿＿＿＿＿＿＿＿＿

出票日期 2014 年 12 月 7 日

收款人：铁路
金　额：1 120.00
用　途：代垫运费保险

单位主管：　　　会计：

证表 12－1

滨海市建设银行（辽）

转账支票存 根

G S
0 2　　01890479

科　　目 ＿＿＿＿＿＿＿＿＿

对方科目 ＿＿＿＿＿＿＿＿＿

出票日期 2014 年 12 月 8 日

收款人：市机械厂
金　额：480.00
用　途：车间维修设备

单位主管：　　　会计：

证表 11 –1

新世纪工业公司领料汇总表

第 002 号　发料仓库：原料库　　　　　　2014 年 12 月 8 日

领料单位	品名	单位	数量	单位实际成本	总价（元）	用途
一车间	A 材料	公斤	1 500			乙产品
一车间	B 材料	公斤	16 500			乙产品
合　　计						

二、会计部

证表 12 –2

辽宁省增值税专用发票

№　00180931

发票联

2102133170　　　　　　　　　　　　　　　　开票日期：2014 年 12 月 08 日

购货单位	名　　　称：滨海市新世纪工业公司 纳税人识别号：210211559811146 地 址、电 话：辽宁省大连市中山区解放路30 号 0411 – 38808911 开户行及账号：建行长星分理处 253888	密码区	1 – 4/68 * – /4080 – 51 >/6 * * 2 – / + – 1 59 + 110 – 28 – 60335 + < * 0/ > 5240 > 4 25 + 8 < 11 * 5 – 6 > 853 – + * 497/ – * > 3 < / > 9268 > 47050 * – 66037 > 99 + 9 < 20

货物或应税劳务名称	规格型号	单位	数量	单价	金额	税率	税额
修理费			1	410. 26	410. 26	17%	69. 74
合　　计					￥410. 26		￥69. 74

价税合计（大写）	⊗肆佰捌拾圆整	（小写）￥480. 00

销货单位	名　　　称：滨海机械公司 纳税人识别号：210211345234439 地 址、电 话：滨海市西岗区大华路89 号 82984688 开户行及账号：建行五一广场分理处 563669	备注	

收款人：　　　　复核：王玉　　　　　开票人：王玉　　　　销货单位：（章）

第三联：发票联 购货方记账凭证

证表 13 –1

报 销 单 （代付款转账凭证）

2014 年 12 月 9 日

	借方科目		附单据
人民币（大写）柒仟叁佰伍拾元整　￥7 350.00	一级科目		
用途说明：差旅费5 400元，电话费 750 元，	二级科目		4张
交际应酬费1 200 元	明细科目		
	金　额		
报销部门主管　　　取款经手人	记　账		

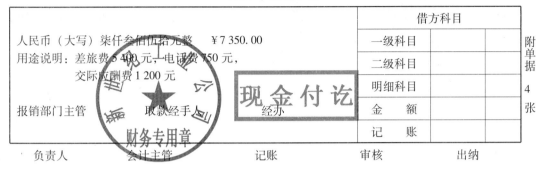

负责人　　　　　会计主管　　　　　记账　　　　　审核　　　　　出纳

证表 14 –1

借 款 单 （记账）

610H	2014 年 12 月 9 日	007426

借款单位	*市场部	姓名	*李杉	级别	*经理	出差地点	*天津
						天数	*4
事　由	借款			金额（大写）肆仟元整			
单位负责人签署	张斌	借款人签章				一、有 * 者由借款人填写凡借用公款必须使用本单二、第三联为正式借据由借款人和单位负责人签章四、出差返回后三日内结算	
机关首长或授权人批示		审核意见					

证表 15 −1

<h1>辽宁省增值税专用发票</h1>

No. 00421215

3400032461

开票日期：2014 年 12 月 10 日

购货单位	名　　　　称：滨海市新世纪工业公司	密码区	//36634563 −/ * 4412　加密版本：01
	纳税人识别号：210504458963214		46//4512222445111　340032461
	地 址、电 话：滨海市中山区淮北路 89 号码		3444 +//14447777//　00421215
	82984688		523 * / −7//23〈12312
	开户行及账号：建行长星分理处 253888		

货物或应税劳务名称	规格型号	单位	数量	单价	金额	税率	税额
A 材料		公斤	5 000	35.00	175 000.00	17%	29 750.00

价税合计（大写）	⊗贰拾万肆仟柒佰伍拾元整	（小写）￥204 750.00

销货单位	名　　　　称：沈阳第二化工厂	备注	沈阳 第二 化工厂
	纳税人识别号：231435582362500		发票专用章
	地 址、电 话：沈阳市桂林路 110 号 65325621		231435582362500
	开户行及账号：建行太原支行 6589354444		

收款人：　　　　复核：　　　　　　　开票人：　　　　销货单位：（章）

第三联：发票联 购货方记账凭证

证表 15 −2

<h1>铁路局运费杂费收据</h1>

付款单位或姓名：沈阳第二化工厂　　2014 年 12 月 10 日　　　　No 05623

原运输票据	年 月 日 第　　号		办理种别	
发　　站	东站		到　　站	河西站
车种车号				
货物名称	件数	包装	重量（吨）	计费重量（吨）
A 材料			5	
类　　别	费　率	数　量	金　额	附记
运　费			650.00	
装卸费			100.00	
合计金额（大写）柒佰伍拾元整			￥750.00	
收款单位：滨海铁路局		经办人：李宁		

证表 15 - 3

银 行 承 兑 汇 票

如疑问，请电查：　　　　出票日期（大写）贰零壹肆年壹拾贰月壹拾日

052 - 1235464　　　　　　　　　　　　　　　　　　　　　第　号

出票人全称	滨海市新世纪工业公司	收款人	全　称	沈阳第二化工厂
出票人账号	253888		账　号	6589354444
付款行全称	建行长星分理处		开户行	建行太原支行

汇票金额	人民币（大写）贰拾万伍仟伍佰元整	千	百	十	万	千	百	十	元	角	分
				2	0	5	5	0	0	0	0

汇票到期日

本汇票请承兑，到期无条件付款。

出票人签章
年　月　日

本汇票已经承兑，到期日由本行付款。

承兑行签章
承兑日期　年　月　日
备注：

承兑协议编号	
科目（借）	
对方科目（贷）	
转账	年　月　日
复核	记账

收款人开户行随委托收款凭证寄付款行作借方凭证附件

证表 16 – 1

中国建设银行　电子缴税付款凭证

转账日期：2014 年 12 月 10 日　　　　　　　　　　凭证字号：20141210101099830

纳税人全称及纳税人识别号：新世纪工业公司 210504458963214
付款人全称；新世纪工业公司
付款人账号：253888　　　　　征收机关名称：滨海市西井区国家税务局
付款人开户银行：中国建设银行滨海市长星分理处　收款国库（银行）名称：国家金库滨海市西井区支库
小写（合计）金额：￥275 000.00　　　　　　缴款书交易流水号：2014121025841269
大写（合计）金额：人民币贰拾柒万伍仟元整　　税票号码：2413756988

税（费）种名称	所属时间	实缴金额
增值税	2014/11/01—2014/11/30	250 000.00
城建税	2014/11/01—2014/11/30	17 500.00
	/ / — / /	0.00
	/ / — / /	0.00
教育费附加	2014/11/01—2014/11/30	7 500.00
	/ / — / /	0.00
	/ / — / /	0.00
	/ / — / /	0.00
	/ / — / /	0.00
	/ / — / /	0.00
	/ / — / /	0.00
	/ / — / /	0.00
	/ / — / /	0.00
	/ / — / /	0.00

滨海市建设银行长兴分理处
14 12 10
一竖

第　1 次打印　　　　　　　　　　　　　　打印日期：20141210

证表 17 – 1

辽宁省增值税专用发票

№ 00221217

2700032561

开票日期：2014 年 12 月 11 日

购货单位	名　　　称：河南机床厂 纳税人识别号：236588336524152 地址、电话：郑州市江西路 10 号 22542132 开户行及账号：工行东南支行 22153203652	密码区	//3663＋123－/＊4412　加密版本：01 56//4512222445111　270032561 //44＋//12347777//　00221217 123＊/－7//23〈12312

货物或应税劳务名称 甲产品	规格型号	单位 件	数量 700	单价 160.00	金额 112 000.00	税率 17%	税额 19 040.00

价税合计（大写）	⊗壹拾叁万壹仟零肆拾元整	（小写）￥131 040.00

销货单位	名　　　称：滨海市新世纪工业公司 纳税人识别号：210504458963214 地址、电话：滨海市中山区淮北路 89 号 码 82984688 开户行及账号：建行长星分理处 253888	备注	滨海市新世纪工业公司 发票专用章 210504458963214

收款人：　　　　　复核：　　　　　开票人：　　　　　销货单位：（章）

第一联：记账联 销货方记账凭证

证表 17 – 2

滨海市建设银行（辽）

转账支票存 根

$\frac{G}{0}\frac{S}{2}$　01890483

科　　目 ＿＿＿＿＿＿＿＿
对方科目 ＿＿＿＿＿＿＿＿
出票日期 2014 年 12 月 11 日

收款人：铁路
金　额：1 624.00
用　途：代垫运费保险

单位主管：　　　　　会计：

证表 17 –3

中国财产保险公司滨海分公司
国内水路、铁路货物运输保险凭证
No 223617

本公司依照国内水路、铁路货物运输保险条款及凭证所注明的其他条件，对下列货物承保运输险：

被保险人：河南机床厂 　　　　　　　　　投保人：新世纪工业公司

货物运输号码	货物名称	件数数量	中转地	目的地	运输工具起运日期	保险金额	保险费		保险费
							综合险	基本险	
00226	甲产品	700 件		西站	火车	131 040			224.00

复核：　　　　　　　　签章：　　　　　　　　代理处：

第四联由被保险人存执

注意事项

1. 综合险包括基本险。
2. 凡在保险费率综合险或基本险栏内填明费率的即按该险别责任。
3. 如遇出险请凭本凭证第四联正本连同有关原件单据报出险当地保险公司处理。
4. 每笔最低保费为人民币壹元。

证表 17 –4

铁路局运费杂费收据

付款单位或姓名：河南机床厂　　　　　2014 年 12 月 11 日　　　　　No 05623

原运输票据	年 月 日 第 号		办理种别	
发 站	河西站		到 站	西站
车种车号				
货物名称	件数	包装	重量（吨）	计费重量（吨）
甲产品			8	8
类 别	费率	数量	金额	附记
运费			1 300.00	
装卸费			100.00	
合计金额（大写）壹仟肆佰元整			￥1 400.00	
收款单位：滨海铁路局		经办人：李宁		

证表 18 – 1

滨海市国家税务局通用手工发票

发票联

发票代码　121021310431

发票号码　04020876

付款单位：滨海市新世纪工业公司　　2014 年 12 月 11 日

项　目　内　容	金　额						备　注
	千	百	十	元	角	分	
办公用品	¥	3	6	0	0	0	
合计人民币（大写）：叁佰陆拾元整	¥	3	6	0	0	0	

辽国税字（13）053 号　辽宁盛福票证12月

第二联　发票联

收款单位名称：滨海文化用品有限公司　　开票人：张力

收款单位税号：21020419721110052

证表 19 – 1

新世纪工业公司
领　料　单

领料单位：车间

第 005 号　发料仓库：原料库　　2014 年 12 月 12 日

材料编号	品名	单位	数量	单位实际成本	总价（元）	
	辅助材料	元			1 230.00	
用途	车间领料			发料	材料员	领料
				徐丽	王青	李梅

二、会计部

证表 20 – 1

辽宁省增值税专用发票

№ 00221218

2700032561

开票日期：2014 年 12 月 13 日

购货单位	名　　称：滨海市东林公司 纳税人识别号：251468336332152 地　址、电　话：滨海市长江西路16号 　　　　　　　22254832 开户行及账号：工行大同支行 32569205542	密码区	//3663＋123－／＊4412　加密版本：01 56//4512222445111　270032561 //44＋//12347777//　　00221218 123＊／－7//23〈12312

货物或应税劳务名称	规格型号	单位	数量	单价	金额	税率	税额
丙产品		件	500	260.00	130 000.00	17%	22 100.00

价税合计（大写）	⊗壹拾伍万贰仟壹佰元整	（小写）¥152 100.00

销货单位	名　　称：滨海市新世纪工业公司 纳税人识别号：210504458963214 地　址、电　话：滨海市中山区淮北路89号码 　　　　　　　82984688 开户行及账号：建行长星分理处 253888	备注	滨海市新世纪工业公司 发票专用章 210504458963214

收款人：　　　　　复核：　　　　　　开票人：　　　　　销货单位：（章）

第一联：记账联　销货方记账凭证

证表 21 – 1

滨海市建设银行（辽）

转账支票存 根

$\frac{G}{0} \frac{S}{2}$ 01890484

科　　目 _____

对方科目 _____

出票日期 2014 年 12 月 13 日

收款人：民政局
金　额：10 000.00
用　途：支援地震灾区

单位主管：　　　　会计：

证表 21－2

非经营性收款收据

收款日期 2014 年 12 月 13 日

付款单位 （交款人）	滨海市新世纪工业公司	收款单位 （领款人）	市民政局						收款项目					

			千	百	十	万	千	百	十	元	角	分	结算方式
人民币 （大写）	壹万元整				￥	1	0	0	0	0	0	0	支票

收款事由	支援灾区	部门	财务处
		人员	

滨海市建设银行长兴分理处
经办
14 12 13

上述款项照数收讫无误 收款单位财会专用章： （领款人签章）	会计主管	稽 核	转讫	出 纳	交款人

第三联 给付款单位记账

证表 22－1

辽宁省增值税普通发票

No 00378780

2102133170

记账联

开票日期：2014 年 12 月 11 日

购货单位	名　　称：滨海东太公司 纳税人识别号：210213986216521 地址、电话：滨海市开发区东北街 29 号 0411－87219000 开户行及账号：建设银行黄河支行 34900581200910001	密码区	1－4/68＊－/4080－51＞/6＊＊2－/＋－1 59＋110－28－60335＋＜＊0/＞5240＞4 25＋8＜11＊5－6＞853－＋＊497/－＊＞3＜ /＞9268＞47050＊－66037＞99＋9＜20

货物或应税劳务名称	规格型号	单位	数量	单价	金额	税率	税额
机床			1	280 000.00	280 000.00		
					￥280 000.00		

价税合计（大写）	⊗贰拾捌万圆整		（小写）￥280 000.00

销货单位	名　　称：滨海市新世纪工业公司 纳税人识别号：210211559811146 地址、电话：辽宁省大连市中山区解放路 30 号 0411－38808911 开户行及账号：建行长星分理处 253888	备注	滨海市新世纪工业公司 发票专用章 210504458963214

收款人：　　　　　复核：李红　　　　　开票人：于丽　　　　　销货单位：（章）

第一联：记账联 销货方记账凭证

证表 22 − 2

中国建设银行 进账单（收账通知）1

2014 年 12 月 13 日

出票人	全　称	滨海市东太公司	持票人	全　称	滨海市新世纪工业公司
	账　号	56321 − 8		账　号	253888
	开户银行	农行学苑支行		开户银行	建行长星分理处

金额	人民币 （大写）贰拾捌万元整		千	百	十	万	千	百	十	元	角	分
					¥2	8	0	0	0	0	0	0

票据种类	持票人开户行盖章
票据张数	

单位主管　　会计　　复核　　记账

14 12 13

持票人开户行盖章

证表 23 − 1

新世纪工业公司

领料单位：经理办公室

第 006 号　发料仓库：原料库

领　料　单

2014 年 12 月 14 日

材料编号	品名	单位	数量	单位实际成本	总价（元）			
020564	辅助材料				300.00			
用途	维修办公室等				发料	材料员		领料
					徐丽	王青		王梅

二、会计部

证表 24－1

辽宁省增值税专用发票

№ 00221220

2700032561

开票日期：2014 年 12 月 15 日

购货单位	名　　　称：河北省北镇市中原公司		密码区	*3663＋123－/＊4412　加密版本：01
	纳税人识别号：652318336336985			56//4512222445111　270032561
	地址、电话：北镇市黄河中路 16 号 22213202			//44＋//12347777//　00221219
	开户行及账号：建行黄河支行 23568205210			123＊/－7//23〈12312

货物或应税劳务名称	规格型号	单位	数量	单价	金额	税率	税额
乙产品		件	1 000	240	240 000.00	17%	40 800.00

价税合计（大写）	⊗贰拾捌万零捌佰元整	（小写）￥280 800.00

销货单位	名　　　称：滨海市新世纪工业公司		备注	
	纳税人识别号：210504458963214			
	地址、电话：滨海市中山区淮北路 89 号码 82984688			
	开户行及账号：建行长星分理处 253888			

收款人：　　　　复核：　　　　　开票人：　　　　销货单位：（章）

证表 24－2

中国建设银行
China Construction Bank

中国建设银行单位客户专用回单

币别：人民币　　　　　2014 年 12 月 15 日　　　　流水号：2126400612UXA3BZ2GF

付款人	全　称	河北省北镇市中原公司	收款人	全　称	滨海市新世纪工业公司
	账　号	23568205210		账　号	253888
	开户行	建行黄河支行		开户行	建行长星分理处
金额	（大写）人民币壹拾万贰仟肆佰捌拾元整			（小写）￥102 480.00	
凭证种类	电子转账凭证		凭证号码	020480786159	
结算方式	转账		用途	货款	

汇划日期：2014－12－15 汇划款项编号：00498427　　　打印柜员：212640061002
报文顺序号：00498427 汇入行行号：253888　　　　打印机构：滨海长星分理处
汇入行行名：中国建行银行股份有限公司辽宁省分行　　打印卡号：202000001007456
业务类型：0000　原凭证金额：102 480.00
原凭证种类：0038　原凭证号码：020480786159
附言：货款

电子回单专用章
（01）

打印时间：2014－12－16 10：01：33　　　交易柜员：K00000000001　　　交易机构：212640061

证表 24 – 3

滨海市建设银行（辽）

转账支票存 根

$\dfrac{G}{0}$ $\dfrac{S}{2}$ 01890497

科　　目 _____
对方科目 _____
出票日期 2014 年 12 月 15 日

收款人：明阳运输公司

金　额：1 200.00

用　途：代垫运费

单位主管：　　　会计：

证表 24 – 5

滨海市建设银行（辽）

转账支票存 根

$\dfrac{G}{0}$ $\dfrac{S}{2}$ 01890498

科　　目 _____
对方科目 _____
出票日期 2014 年 12 月 15 日

收款人：保险公司

金　额：480.00

用　途：代垫保险费

单位主管：　　　会计：

证表 24 –4

税总局（2013）248号北京印钞有限公司

代开 2102133760

2102133760

00037594

货物运输业增值税专用发票

No 00037591

开票日期：2014 年 12 月 15 日

承运人员 纳税人识别号	滨海沿海运输有限公司 210211787318425	密码区	03/＋＋054＋4 –/1＞0＞6＋＋6017＜09/4＋0 – 474 3＋/310—325＋7171＋2＞9＋＞998＋968 – 49＜857 ＜80674＋99480645＋04＜852151＋312＜＋5＜＋80 2531＋57381＋＋＜ – 6＋＜201/＋/8094/3＞＜6＞70＋
实际受票方及 纳税人识别号	河北省北镇市中原公司 652318336336985		

收货人及纳税 人识别号	河北省北镇市中原公司 652318336336985	发货人及纳 税人识别号	滨海市新世纪工业公司 210504458963214

费用项目及金额	起运地、经由、到达地				运输货物信息	
	费用项目 运费	金额 1 165.05	费用项目	金额		乙产品

合计金额	￥1 165.05	税率	3%	税额	￥34.95	机器编号	499900695190
价税合计（大写）	壹仟贰佰元整						1 200.00
车种车号	辽 BJ0300	车船吨位					
主管税务机关及代码	西井国税局全运物流货运代开站点 12102119995			备注	完税凭证号码：213818000013939433 2135130000010970133		

收款人：　　　　复核人：　　　　开票人：高强　　　　承运人：（章）

证表 24 –6

中国财产保险公司滨海分公司
国内公路货物运输保险凭证

No 123654

本公司依照国内公路货物运输保险条款及凭证所注明的其他条件，对下列货物承保运输险：

被保险人：河北省北镇市中原公司　　　　　　投保人：滨海市新世纪工业公司

货物运输号码	货物名称	件数数量	中转地	目的地	运输工具起运日期	保险金额	保险费		保险费
							综合险	基本险	
00123	乙产品	1000		河北北镇	汽车	280 800			480.00

复核：　　　　　　签章：　　　　　　　　代理处：

注意事项

1. 综合险包括基本险。

2. 凡在保险费率综合险或基本险栏内填明费率的即按该险别责任。

3. 如遇出险请凭本凭证第四联正本连同有关原件单据报出险当地保险公司处理。

4. 每笔最低保费为人民币壹元。

证表 25 –1

新世纪工业公司
领 料 单

领料单位：车间

第 004 号　发料仓库　　　　　2014 年 12 月 16 日

材料编号	品名	单位	数量	单位实际成本	总价（元）	
020563	工具、卡具、模具	元			1 200.00	
用途				发料	材料员	领 料
				徐丽	王青	李玉

二、会计部

证表 26 –1

中国建设银行
China Construction Bank

中国建设银行单位客户专用回单

币别：人民币　　　　　　2014 年 12 月 17 日　　　　　　流水号：2154377897UXA3BZ2GF

付款人	全　称	河南机床厂	收款人	全　称	滨海市新世纪工业公司
	账　号	22153203652		账　号	253888
	开户行	工行东南支行		开户行	建行长星分理处
金额	（大写）人民币壹拾叁万贰仟陆佰陆拾肆元整			（小写）　¥132 664.00	
凭证种类	电子转账凭证		凭证号码	032480786159	
结算方式	转账		用途	货款	

汇划日期：2014 – 12 – 17 汇划款项编号：00498765
报文顺序号：00567427 汇入行行号：253888
汇入行行名：中国建行银行股份有限公司辽宁省分行
业务类型：0000 原凭证金额：132 664.00
原凭证种类：0038 原凭证号码：020654386159
附言：货款

打印柜员：212640061002
打印机构：滨海长星分理处
打印卡号：2020000061007456

电子回单专用章
（01）

打印时间：2014 – 12 – 17 11：01：37　　交易柜员：K00000000001　　交易机构：212640061

回单可通过建行对公自助设备或建行网站校验真伪
（借方回单）

证表 27 – 1

滨海市建设银行（辽）

转账支票存根

$\frac{G}{0}\frac{S}{2}$ 　01890486

科　　目 _____

对方科目 _____

出票日期 2014 年 12 月 18 日

| 收款人：建丰建材商店 |
| 金　额：1 795.00 |
| 用　途：装修材料款 |

单位主管：　　　会计：

证表 27 – 2

滨海市国家税务局通用手工发票

发票联

发票代码 121021310431
发票号码 04889613

付款单位：滨海市新世纪工业公司　　2014 年 12 月 18 日

项　目　内　容	金　额						备　注
	千	百	十	元	角	分	
地面砖	1	6	7	0	0	0	
壁纸		1	2	5	0	0	
合计人民币（大写）壹仟柒佰玖拾伍元整	1	7	9	5	0	0	

收款单位名称：滨海建丰建材商店　　开票人：刘杨
收款单位税号：21020419851228567

国税字（13）053号　滨海盛福票证7月

第二联　发票联

证表 28 – 1

辽财会账证50号

差旅费报销单

单位：

2014 年 12 月 19 日填

月	日	时间	出发地	月	日	时间	到达地	机票费	车船费	夜车补助		市内车费		宿费		出差补助		其他	合计
										小时	金额	实支	包干	标准	实支	天数	金额		
12	30								2 400			102			1 000	6	360	700	4 562
		合　　计				报销金额（大写）人民币：肆仟伍佰陆拾贰元正										预借金额			4 000
出差任务				单位领导　　　部　门负责人　　　出差人											报销金额			4 562
															结余或超支			562

现金付讫

会计主管人员　　　　　记账　　　　　审核　　　　　附单据

证表 29 – 1

中国建设银行
China Construction Bank

中国建设银行单位客户专用回单

币别：人民币　　　　2014 年 12 月 20 日　　　　流水号：2984377897UXA3BZ2GF

付款人	全　称	滨海市东林公司	收款人	全　称	滨海市新世纪工业公司
	账　号	3256905542		账　号	253888
	开户行	工行大同支行		开户行	建行长星分理处
金额	（大写）人民币壹拾肆万捌仟贰佰元整			（小写）　¥148 200.00	
凭证种类	电子转账凭证		凭证号码	087540786159	
结算方式	转账		用途	货款	

汇划日期：2014 – 12 – 20 汇划款项编号：02348765
报文顺序号：00567427 汇入行行号：253888
汇入行行名：中国建行银行股份有限公司辽宁省分行
业务类型：0000 原凭证金额：148 200.00
原凭证种类：0038 原凭证号码：098214386159
附言：货款

打印柜员：212640061002
打印机构：滨海长星分理处
打印卡号：2020000001007456

（中国建设银行长星分理处　电子回单专用章　(01)）

打印时间：2014 – 12 – 20 11：01：37　　　交易柜员：K00000000001　　　交易机构：212640061

本回单可通过建行对公自助设备或建行网站校验真伪

（借方回单）

证表 30 –1

同城特约委托收款凭证（收款通知）

委托日期 2014 年 12 月 20 日　　流水号 17685252

付款人	全　　称	滨海市新世纪工业公司	收款人	全　　称	建行长星分理处
	账号或地址	253888		账号或地址	
	开户银行	建行长星分理处		开户银行	
委收金额	人民币（大写）	壹万陆仟叁佰伍拾捌元叁角叁分			￥16 358.33

款项内容		合同号 滨海市建设银行长兴分理处 2356 单证张数
利息费用	￥16 358.33	注意事项： 14 12 20
		1. 上列款项为见票全额付款；
		2. 款项若有误请与付款单位协商解决。

备注：

会计　　　　　复核　　　　　记账　　　　　支付日期　年　月　日

证表 31 –1

辽宁省增值税专用发票

№ 00180931

2102133170　　　　　　　发票联　　　　　　　开票日期：2014 年 12 月 21 日

购货单位	名　　称：滨海市新世纪工业公司 纳税人识别号：210211559811146 地址、电话：辽宁省大连市中山区解放路30 号 0411 – 38808911 开户行及账号：建行长星分理处 253888	密码区	4 – 4/68 ＊ – /4080 – 51＞/6 ＊＊2 – / + – 1 59 + 110 – 28 – 60335 + ＜＊0/ ＞5240＞4 25 + 8＜11＊5 – 6＞853 – ＋＊497/ – ＊ ＞3＜ / ＞9268＞47050＊ – 66037＞99 + 9＜20

货物或应税劳务名称	规格型号	单位	数量	单价	金额	税率	税额
展销费			1	7 547.17	7 547.17	6%	452.83
合　计					￥7 547.17		￥452.83

价税合计（大写）	⊗捌仟圆整	（小写）￥8 000.00

销货单位	名　　称：滨海会展中心 纳税人识别号：210211345234439 地址、电话：滨海市中山区五四路89 号 82984688 开户行及账号：建行五四广场分理处 563669	备注	滨海会展中心 210211345234439 发票专用章

收款人：　　　　复核：张玉　　　　开票人：王林　　　　销货单位：（章）

第三联：发票联 购货方记账凭证

证表 31－2

滨海市建设银行（辽）

转账支票存根

G S
—— ——
0 2   01890490

科　　目 _____
对方科目 _____
出票日期 2014 年 12 月 21 日

收款人：
金　额： 8 000.00
用　途： 展销费

单位主管：　　　　会计：

证表 32－1

滨海市建设银行（辽）

转账支票存根

G S
—— ——
0 2   01890493

科　　目 _____
对方科目 _____
出票日期 2014 年 12 月 23 日

收款人：保险公司
金　额： 30 000.00
用　途： 支付保险费

单位主管：　　　　会计：

证表 32－2

中国人民财产保险股份有限公司滨海分公司保险业专用发票

INVOICE

发票代码　221021445205
发票号码　10160794

开票日期　2014 年 12 月 23 日

付款方名称 Payer name	滨海市新世纪工业公司	付款方证件号码 I－D number of payer	
收款方名称 Payee name	中国人民财产保险有限公司滨海分公司	收款方识别号	
承保险种 Coverage	财产保险		
保险单号 Policy No	201412230098 201412230098	批单号 23890 End No 23890	
保险费金额（大写）叁万元整 Premium Amount（In Words）		（小写）30,000.00 （In Figures）	
代收车船税（小写）：		滞纳金（小写） 20141223	
合计（大写）叁万元整		（小写）30,000.00	
		主管税务机关 及代码	

企业签章：　　　　营业执照　　　　经手人　　　　复核
地　址：　　　　　电话　　　　（手写无效）

证表 33-1

银行承兑汇票

如疑问，请电查：   出票日期（大写）贰零壹肆年壹拾贰月贰拾叁日

052-1235464   第　号

出票人全称	北京机械厂	收款人	全　称	滨海市新世纪工业公司									
出票人账号	28533205136		账　号	253888									
付款行全称	工行西郊支行		开户行	建行长星分理处									
				千	百	十	万	千	百	十	元	角	分
汇票金额	人民币（大写）贰拾玖万叁仟陆佰贰拾元				￥2	9	3	6	2	0	0	0
汇票到期日				承兑协议编号									

本汇票请承兑，到期无条件付款。

本汇票已经承兑，到期日由本行付款。

出票人签章　　　　承兑日期　年　月　日
　　年　月　日　　备注：

承兑行签章

科目（借）
对方科目（贷）
转账　年　月　日
复核　　　记账

证表 34-1

中国建设银行
China Construction Bank

电 子 转 账 凭 证

币别：人民币　　　委托日期　2014 年 12 月 24 日　　凭证编号：2126400814CVAFJWTAW

汇款人	全　称	明阳公司	收款人	全　称	滨海市新世纪工业公司									
	账　号	52388652103		账　号	253888									
	汇出地点	辽宁省抚顺市/县		汇入地点	辽宁省滨海市/县									
	汇出行名称	抚顺工行建外支行		汇入行名称	中国建设银行辽宁省滨海市分行									
金额	（大写）人民币陆拾万壹仟贰佰贰拾伍元整			亿	千	百	十	万	千	百	十	元	角	分
					RMB 6	0	1	2	2	5	0	0

附加信息及用途：
　　　　　划款

支付密码

根据中国建设银行　客户 001228740163 号电子指令，上述款项已由明阳公司支付
客户经办人员：　　复核：　　记账：K00000000001

警惕洗钱风险 保护您的权益（银行盖章）

证表 35 - 1

存款利息回收单

回单凭证

No 00221213

2700032561

开票日期：2014 年 12 月 21 日

收款人户名：利息支出	币种：人民币
收款人账号：253888	付款人开户行：长星分理处
收款人户名：滨海市新世纪工业公司	
收款人账号：800601208253888	收款人开户行：长星分理处
金额（小写）：2 450.00	科目：20108　　对方科目 26003
金额（大写）：人民币贰仟肆佰伍拾元零角零分	
摘要：季度结息	中国建设银行长星分理处
利率：0.385%　　　积数：14，534，392.76	计息周期：20140921 至 20141220　电子回单专用章（01）

第 1 次打印　记账员：99999　　复核员：　　打印柜员：　　　打印时间：2014 - 12 - 24

打印网点：0010101　　　　　验证码：21502744517　　　设备编号：

证表 36 - 1

辽宁省增值税专用发票

No 00221220

2700032561

开票日期：2014 年 12 月 24 日

购货单位	名　　称：大明公司 纳税人识别号：510182399385513 地址、电话：营口市和兴街 27 号 58458758 开户行及账号：工行锦江支行 31588612567	密码区	*43663 + 123 - / *4412 加密版本：01 56//4512222445111　270032561 5444 +//12347777//　00221220 123 * / - 7//23 〈12312

货物或应税劳务名称	规格型号	单位	数量	单价	金额	税率	税额
甲产品		件	2 000	155.00	310 000	17%	52 700

价税合计（大写）	⊗叁拾陆万贰仟柒佰元整	（小写）　¥362 700.00

销货单位	名　　称：滨海市新世纪工业公司 纳税人识别号：210504458963214 地址、电话：滨海市中山区淮北路 89 号 码 82984688 开户行及账号：建行长星分理处 253888	备注	滨海市新世纪工业公司 发票专用章 210504458963214

收款人：　　　复核：　　　　开票人：　　　销货单位：（章）

第一联：记账联　销货方记账凭证

证表 36 - 2

铁路局运费杂费收据

付款单位或姓名：滨海市新世纪工业公司 2014 年 12 月 24 日   No 05623

原运输票据	年 月 日 第 号		办理种别	
发 站	河西站		到 站	西郊站
车 种 车 号				
货 物 名 称	件数	包装	重量（吨）	计费重量（吨）
甲产品	2 000		20	20
类 别	费 率	数 量	金 额	附记
运 费			2 000.00	
装卸费			400.00	
合计金额（大写）贰仟肆佰元整			￥2 400.00	
收款单位：滨海铁路局 经办人：苏宁				

证表 36 - 3

中国财产保险公司滨海分公司

国内水路、铁路货物运输保险凭证 No 523614

本公司依照国内水路、铁路货物运输保险条款及凭证所注明的其他条件，对下列货物承保运输险：

被保险人：大明公司   投保人：滨海市新世纪工业公司

货物运输号码	货物名称	件数数量	中转地	目的地	运输工具起运日期	保险金额	保险费		保险费
							综合险	基本险	
00521	甲产品	2 000		西郊站	火车	1 240 000			1 480

复核：   签章：   代理处：

注意事项

1. 综合险包括基本险。

2. 在保险费率综合险或基本险栏内填明费率的即按该险别责任。

3. 如遇出险请凭 本凭证第四联正本连同有关原件单据报出险当地保险公司处理。

4. 每笔最低保费为人民币壹元。

第三联由投保人人存执

证表 36 – 4

滨海市建设银行（辽）

转账支票存 根

G/0 S/2 ┃ 01890494 ┃

科　　目 ＿＿＿＿＿＿＿＿

对方科目 ＿＿＿＿＿＿＿＿

出票日期 2014 年 12 月 24 日

┃ 收款人：
┃ 金　额：2 400.00
┃ 用　途：代垫运杂费

单位主管：　　　　会计：

证表 36 – 5

滨海市建设银行（辽）

转账支票存 根

G/0 S/2 ┃ 01890495 ┃

科　　目 ＿＿＿＿＿＿＿＿

对方科目 ＿＿＿＿＿＿＿＿

出票日期 2014 年 12 月 24 日

┃ 收款人：
┃ 金　额：1 480.00
┃ 用　途：代垫保险费

单位主管：　　　　会计：

证表 37 – 1

新世纪工业公司 材料（产品）入库单

供应单位：生产车间　　　　　2014 年 12 月 24 日　　　　　字第 029 号

材料类别	材料名称	规格	计量单位	数量	实收数量	单价	金　额
	甲产品		件	6 400	6 400		
	乙产品		件	1 700	1 700		
	丙产品		件	2 000	2 000		
检验结果	合格　检验员签章：			运杂费			
				合　计			

证表 38 – 1

新世纪工业公司 材料（产品）入库单

供应单位：沈阳二化　　　　　2014 年 12 月 24 日　　　　　字第 030 号

材料类别	材料名称	规格	计量单位	数量	实收数量	单价	金　额
	A 材料		公斤	5 000	5 000	35.00	175 000.00
检验结果	合格　检验员签章：			运杂费			750.00
				合　计			175 750.00

证表 39－1

新世纪工业公司发出材料汇总表

第 008 号　　发料仓库：原料库　　　　2014 年 12 月 24 日

领料单位	品名	单位	数量	单价	金额	用途
车间	A 材料	公斤	2 528			甲产品
车间	A 材料	公斤	4 500			甲产品
车间	A 材料	公斤	980			甲产品
车间	A 材料	公斤	100			乙产品
车间	A 材料	公斤	900			丙产品
车间	A 材料	公斤	550			车间
车间	B 材料	公斤	420			甲产品
车间	B 材料	公斤	200			乙产品
车间	B 材料	公斤	1 750			丙产品
车间	B 材料	公斤	300			车间
车间	C 材料	件	400			甲产品
车间	D 材料	公斤	50			甲产品
车间	D 材料	公斤	450			甲产品
车间	D 材料	公斤	50			乙产品
车间	D 材料	公斤	100			丙产品
厂部	D 材料	公斤	100			厂部
合　　　计						

证表 40－1

中国建设银行　进账单（收账通知）1

2014 年 12 月 25 日

出票人	全　称	河西站		持票人	开户全称	滨海市新世纪工业公司										
	账　号	37564－4			账　号	253888										
	开户银行	站前办			银　行	建行长星分理处										
金额	人民币（大写）壹万零陆佰肆拾柒元整					千	百	十	万	千	百	十	元	角	分
								￥ 1	0	6	4	7	0	0
	票据种类														
	票据张数						滨海市建设银行长兴分理处 14 12 25 转讫								
	单位主管　会计　复核　记账						持票人开户行盖章								

证表 41 - 1

同城特约委托收款凭证（支款通知）

委托日期 2014 年 12 月 26 日   流水号 17685256

付款人	全　称	滨海市新世纪工业公司	收款人	全　称	滨海市电力公司
	账号或地址	253888		账号或地址	23561024
	开户银行	建长星分理处		开户银行	建行营业部
委收金额	人民币（大写）	贰万元整			￥20 000.00

款项内容		合同号 2356	单证张数
电　费	20 000.00	注意事项：14 12 26	
		1. 上列款项为见票全额付款；	
		2. 上列款项若有误请与收款单位协商解决。	

备注：

会计　　　　复核　　　　记账　　　　支付日期　年　月　日

此联交付款人作支款通知

证表 41 - 2

同城特约委托收款凭证（支款通知）

委托日期 2014 年 12 月 26 日   流水号 17685258

付款人	全　称	滨海市新世纪工业公司	收款人	全称	滨海市自来水公司
	账号或地址	253888		账号或地址	2635891752
	开户银行	建长星分理处		开户银行	中行南郊支行
委收金额	人民币（大写）	肆仟贰佰元整			￥4 200.00

款项内容		合同号 14 12 26 2351	单证张数
水　费	4 200.00	注意事项：转讫	
		1. 上列款项为见票全额付款；	
		2. 上列款项若有误请与收款单位协商解决。	

备注：

会计　　　　复核　　　　记账　　　　支付日期　年　月　日

此联交付款人作支款通知

证表 41 – 3

辽宁省增值税专用发票

№ 00223221

2700032561

开票日期：2014 年 12 月 26 日

购货单位	名　　　　称：滨海市新世纪工业公司 纳税人识别号：210504458963214 地　址、电　话：滨海市中山区淮北路 89 号码 82984688 开户行及账号：建行长星分理处 253888	密码区	/43663＋123 －／＊4412 加密版本：01 56//4512222445111　270032561 5444＋//12347777//　　00223221 123＊/－7//23〈12312

货物或应税劳务名称	规格型号	单位	数量	单价	金额	税率	税额
电费		千瓦时	20 000	0.854 7	17 094.02	17%	2 905.98

价税合计（大写）	⊗贰万元整	（小写）￥20 000.00

销货单位	名　　　　称：滨海市电力公司 纳税人识别号：51305456302145 地　址、电　话：滨海市东圣街 1 号 开户行及账号：建行营业部 23561024	备注	

收款人：　　　　复核：　　　　开票人：　　　　销货单位：（章）

证表 41 – 4

辽宁省增值税专用发票

№ 00698232

2700032561

开票日期：2014 年 12 月 26 日

购货单位	名　　　　称：滨海市新世纪工业公司 纳税人识别号：210504458963214 地　址、电　话：滨海市中山区淮北路 89 号 码82984688 开户行及账号：建行长星分理处 253888	密码区	/43663＋123 －／＊4412 加密版本：01 56//4512222445111　270032561 5444＋//12347777//　　00698232 123＊/－7//23〈12312

货物或应税劳务名称	规格型号	单位	数量	单价	金额	税率	税额
水费		吨	700	5.128 2	3 589.74	17%	610.26

价税合计（大写）	⊗肆仟贰佰元整	（小写）￥4 200.00

销货单位	名　　　　称：滨海市自来水公司 纳税人识别号：5156932180023895 地　址、电　话：滨海市南郊街 12 号 开户行及账号：中行南郊支行 2635891752	备注	

收款人：　　　　复核：　　　　开票人：　　　　销货单位：（章）

第三联：发票联 购货方记账凭证

证表 42 - 1

报 销 单 （代付款转账凭证）

2014 年 12 月 27 日

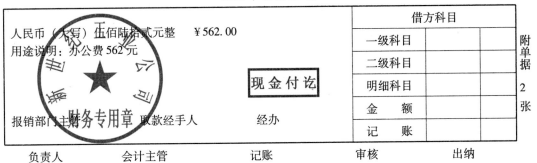

	借方科目		附单据2张
	一级科目		
	二级科目		
	明细科目		
	金 额		
	记 账		

人民币（大写）伍佰陆拾贰元整 ￥562.00

用途说明：办公费 562 元

现金付讫

报销部门主管 取款经手人 经办

负责人 会计主管 记账 审核 出纳

证表 43 - 1

新世纪工业公司
存货溢余、短少、损耗报告单

填报单位：财务处 　　　　2014 年 12 月 28 日 　　　　单位：元

编号	品名	规格	产地	单位	数量			长余（短缺）金额	
					溢余	短少	损耗	单价	金额
	D 材料			件		5		56.16	280.80
	进项税								47.74
领导意见	财会意见			业务意见				长短原因： 原因不明	

证表 44 - 1

银 行 承 兑 汇 票

如疑问，请电查：

出票日期（大写）贰零壹肆年 壹拾贰月贰拾捌日

052 - 1235464

第　号

出票人全称	定原市机床厂	收款人	全　称	滨海市新世纪工业公司
出票人账号	25487203665		账　号	253888
付款行全称	工行和平支行		开户行	建行长星分理处

汇票金额	人民币（大写）肆拾万元整	千	百	十	万	千	百	十	元	角	分
					4	0	0	0	0	0	0

汇票到期日 2015 - 3 - 28

本汇票请承兑，到期无条件付款。

承兑协议编号

本汇票已经承兑，到期日由本行付款。

科目（借）

对方科目（贷）

出票人签章　　　年　月　日

承兑行签章

承兑日期　年　月　日

备注：

转账　　年　　月　　日

复核　　　记账

证表 45 - 1

新世纪工业公司 工资福利计算表

单位：元

成本项目	部门	产品	应发工资总额	保险费 34%	公积金 10%	工会经费 2%	教育经费 2.5%	福利费 14%	小计
生产成本	车间	甲	80 000	27 200	8 000	1 600	2 000	11 200	130 000
生产成本		乙	70 000	23 800	7 000	1 400	1 750	9 800	113 750
生产成本		丙	55 000	18 700	5 500	1 100	1 375	7 700	89 375
辅助生产	机修		9 600	3 264	960	192	240	1 344	15 600
辅助生产	车队		6 000	2 040	600	120	150	840	9 750
制造费用	车间		21 000	7 140	2 100	420	525	2 940	34 125
管理费用	管理部门		32 000	10 880	3 200	640	800	4 480	52 000
销售费用	市场部		18 000	6 120	1 800	360	450	2 520	29 250
合计			291 600	99 144	29 160	5 832	7 290	40 824	473 850

证表 46 - 1

固定资产相关资料明细表

单位：元

序号	类别	原值	预计使用年限	净残值率	使用单位			
					基本车间	机修	管理部门	车队
1	生产用固定资产	6 852 200						
2	其中：房屋	2 300 000	20		2 180 000	80 000		40 000
3	机械设备	3 469 200	10		3 357 200	112 000		
4	电子设备	114 000	5	10%	114 000			
5	运输设备	924 000	5					924 000
6	其他设备	45 000	5			45 000		
7	非生产用固定资产	747 800	5				747 800	
8	总　计	7 600 000			5 651 200	237 000	747 800	964 000

证表 46 - 2

折旧计算表

单位：元

	基本车间	机修	车队	管理部门
房屋				
机械设备				
电子设备				
运输设备				
其他				
非生产用资产				
合　计				

证表 47－1

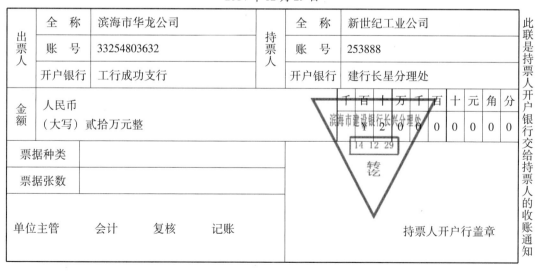

辽宁省增值税专用发票

No 00221221

2700032561

开票日期：2014 年 12 月 29 日

<table>
<tr><td rowspan="4">购货单位</td><td colspan="2">名　　　称：滨海市华龙公司</td><td rowspan="4">密码区</td><td>//3663＋123－/＊4412 加密版本：01</td></tr>
<tr><td colspan="2">纳税人识别号：220133695365654</td><td>56//4512222445111　270032561</td></tr>
<tr><td colspan="2">地址、电话：滨海市成功路 12 号 69859362</td><td>//44＋//12347777//　　00221221</td></tr>
<tr><td colspan="2">开户行及账号：工行成功支行 33254803632</td><td>123＊/－7//23〈12312</td></tr>
</table>

货物或应税劳务名称	规格型号	单位	数量	单价	金额	税率	税额
甲产品		件	1 000	151.90	151 900.00	17%	25 823.00
乙产品		件	1 200	280.00	336 000.00	17%	57 120.00
丙产品			800	240.00	192 000.00	17%	32 640.00
价税合计（大写）	⊗柒拾玖万伍仟肆佰捌拾参元整				（小写）　￥795 483.00		

<table>
<tr><td rowspan="4">销货单位</td><td colspan="2">名　　　称：滨海市新世纪工业公司</td><td rowspan="4">备注</td><td rowspan="4">滨海市新世纪工业公司
发票专用章
210504458963214</td></tr>
<tr><td colspan="2">纳税人识别号：210504458963214</td></tr>
<tr><td colspan="2">地址、电话：滨海市中山区淮北路 89 号码
82984688</td></tr>
<tr><td colspan="2">开户行及账号：建行长星分理处 253888</td></tr>
</table>

收款人：　　　　　复核：　　　　　开票人：　　　　　销货单位：（章）

第一联：记账联　销货方记账凭证

证表 47－2

中国建设银行　进账单（收账通知）1

2014 年 12 月 29 日

<table>
<tr><td rowspan="3">出票人</td><td>全　称</td><td>滨海市华龙公司</td><td rowspan="3">持票人</td><td>全　称</td><td>新世纪工业公司</td></tr>
<tr><td>账　号</td><td>33254803632</td><td>账　号</td><td>253888</td></tr>
<tr><td>开户银行</td><td>工行成功支行</td><td>开户银行</td><td>建行长星分理处</td></tr>
</table>

金额	人民币 （大写）贰拾万元整	千	百	十	万	千	百	十	元	角	分
				￥	2	0	0	0	0	0	0

滨海市建设银行长星分理处
14 12 29
转讫

票据种类

票据张数

单位主管　　会计　　复核　　记账

持票人开户行盖章

此联是持票人开户银行交给持票人的收账通知

证表 48 – 1

辽宁省增值税普通发票

No 00180931

2102133170

发票联

开票日期：2014 年 12 月 29 日

第三联：发票联 购货方记账凭证

购货单位	名　称：滨海市新世纪工业公司 纳税人识别号：210211559811146 地址、电话：辽宁省大连市中山区解放路30号 0411 – 38808911 开户行及账号：建行长星分理处 253888	密码区	※－4/68 * －/4080 – 51 >/6 * * 2 – / + – 1 59 + 110 – 28 – 60335 + < * 0/ > 5240 > 4 25 + 8 < 11 * 5 – 6 > 853 – * * 497/ – * > 3 < / > 9268 > 47050 * – 66037 > 99 + 9 < 20

货物或应税劳务名称	规格型号	单位	数量	单价	金额	税率	税额
色拉油			200	120.00	24 000.00		
合　计					￥24 000.00		

价税合计（大写）	⊗贰万肆仟圆整	（小写）￥24 000.00

销货单位	名　称：滨海沃尔玛有限公司 纳税人识别号：210211345234439 地址、电话：滨海市中山区五四路 89号 82984688 开户行及账号：建行五四广场分理处 563669	备注	滨海沃尔玛有限公司 210211345234439 发票专用章

收款人：　　　复核：张玉　　　开票人：王林　　　销货单位：（章）

证表 48 – 2

滨海市建设银行（辽）

转账支票存根

$\dfrac{G \quad S}{0 \quad 2}$　0456123

科　目 ＿＿＿＿＿＿＿＿

对方科目 ＿＿＿＿＿＿＿＿

出票日期 2014 年 12 月 29 日

收款人：

金　额：24 000.00

用　途：发工资

单位主管：　　　会计：

证表 49 - 1

新世纪工业公司城建税和教育费附加计算表

单位：元

本月应纳增值税税额	计提比例		计提金额
	城市建设税	7%	
	教育费附加	3%	

证表 50 - 1

滨海市建设银行（辽）

现金支票存 根

$\frac{G}{0}$ $\frac{S}{2}$　0456123

科　　目 _____

对方科目 _____

出票日期 2014 年 12 月 29 日

收款人：

金　额：217 756.00

用　途：发工资

单位主管：　　会计：

证表 51 - 1

新世纪工业公司 工资发放表

单位：元

成本项目	部门	产品	应发工资总额	代扣款项			实发工资
				保险 11%	公积金 10%	个人所得税	
生产成本		甲	80 000	8 800	8 000	2 200	61 000
生产成本	车间	乙	70 000	7 700	7 000	1 800	53 500
生产成本		丙	55 000	6 050	5 500	1 620	41 830
辅助生产	机修		9 600	1 056	960	88	7 496
辅助生产	车队		6 000	660	600		4 740
制造费用	车间		21 000	2 310	2 100	2 200	14 390
管理费用	管理部门		32 000	3 520	3 200	3 200	22 080
销售费用	市场部		18 000	1 980	1 800	1 500	12 720
合　计			291 600	32 076	29 160	12 608	217 756

证表 52 － 1

滨海市企业职工社会保险费结算表

费款所属日期：2014 年 12 月到 2014 年 12 月

单 位	单位类型		企　业			
	单位电话	82222613	-			
	社会保险登记号	21022122227				
	开户银行	建行长星分理处				
	账号	253888				

| 职工情况 | 总数 | | 本月增加 | |
| | | 其中 | 本月减少 | |

缴费项目	单位缴费			个人缴费		
	缴费基数	费率（%）	金额	缴费基数	费率	金额
基本养老保险	291 600	18	52 488	291 600	8	2 332 829 168
工伤保险费	291 600	3	8 748			
生育保险费	291 600	2	5 832			
失业保险费	291 600	1	2 916	291 600	1	2 916
基本医疗保险费	291 600	8	23 328	291 600	2	5 832
采暖费						
高额补充医疗保险						
医疗保险费	291 600	2	5 832			
农民工商保险费			0.00			
合计	291 600	34	99 144	291 600	11	320 761

本金合计（大写）　壹拾叁万壹仟贰佰贰拾叁元零角零分

应交金额合计 单位：元

养老	医疗	失业		生育	工伤		采暖		大病			农医疗		农工伤
			十	万	千	百	十	百	十	元	角	分		
				7	5	8	1		6	0	0			
					8	7	4		8	0	0			
					5	8	3		2	0	0			
					5	8	3		2	0	0			
				2	9	1	6		0	0	0			
					5	8	3		2	0	0			
			1	3	1	2	2		0	0	0			

此缴费申报表是根据社会保险法规、规章的规定填报的，我确信它是真实、可靠、完整的。

定填报人：

法定代表人签字或盖章：　　　年　　月　　日

经办人：　　　年　　月　　日

社会保险经办机构：

专管人员审核（章）：　　　年　　月　　日

部门负责人（章）：　　　年　　月　　日

中级声明

单位名称：新世纪工业公司

单位编码：82825770

实收合计：131 220.00（元）　滞纳金：0（元）　利息：0（元）

单位：元

业务流水号：10000000048

证表52－2

社会保障基金电子缴款凭证　　No

缴款日期：2014－12－29　　　　征收机关：滨海西井区地税局　　　滨地税征：22224249704

纳税人识别号	210211760788902	社保单位编号	82825770
纳税（缴费）人名称	滨海市新世纪工业公司	结算方式	银行托收

基本养老：75816（单位：52488 个人：23328）　　基本医疗：29 160（单位：23328 个人：5832）
高额医疗：0.00　失业：5832　工伤：8748　生育：5832　采暖费：0.00　农民工养老：0.00
补充医疗（保税）：5832　　补充工伤（保税）：0.00　　滞纳金：0.00　　利息：0.00

金额合计（大写）	人民币壹拾叁万壹仟贰佰贰拾元零角零分	￥131 220.00

本缴款凭证仅作为纳税（缴费）人记账核算凭证使用，需与银行对账单划缴记录核对一致方为有效。纳税人如需开具正式凭证，请凭税务登记证（副本）到主管税务机关开具	费款属性：
	正常缴费

证表52－3

住房公积金汇（补）缴书

2014 年 12 月 29 日

	1110000345621	交易类型		汇　缴	
单位名称	滨海市新世纪工业公司				
缴款日期	2014－12 至 2014－12	缴纳人数	200　缴存类型	自筹	缴款方式
人民币大写	伍万捌仟叁佰贰拾元整		人民币（小写）		58 320.00
新世纪工业公司	付款行	建行长星处理		付款账号	253888
加盖单位财务印鉴					

说明：缴款方式为网上划款，需与银行出具的划款凭证一同作为单位入账凭证，无银行凭证不得作为记账依据。

证表 52 –4

中国工商银行　网上银行电子回单

电子回单号码：0008 – 7388 – 9003 – 1122

付款人	户　　名	滨海市新世纪工业公司	收款人	户　　名	
	账　　号	253888		账　　号	
	开户银行	建行长星分理处		开户银行	
金　额		人民币（大写）伍万捌仟叁佰贰拾元整			￥58 320.00
摘　要		网缴 32890998	业务（产品）种类		转账
用　途					
交易流水号		33890076	时间戳		2014 – 12 – 29 – 13.34.15.443726
备　注					
验证码 WERT234566VHUUB77					
记账网点	23788901	记账柜员	000988	记账日期	2014 年 12 月 29 日

证表 53 –1

辅助生产费用分配表（直接分配）

编制单位：新世纪工业公司　　　　2014 年 12 月份

辅助部门	供应量		受益单位			
			车　间		厂　部	
	单位	数量	需用量	金额	需用量	金额
车队	吨公里	44 000	24 000		20 000	
修理	工时	2 100	1 500		600	
合计						

证表 54 –1

新世纪工业公司制造费用分配表

2014 年 12 月　　　　　　　　　　　　　　单位：元

借方科目	产品名称	分配标准（工时）	分配率（元/工时）	分配金额
生产成本	甲产品			
	乙产品			
	丙产品			
合　　计				

证表 55 – 1

新世纪工业公司生产费用
在完工产品和在产品之间分配表

产品名称：甲产品

在产品数量（A）完工程度 50%（B）　　　投料方式：一次投料　　　2014 年 12 月

成本项目	生产费用累计额	产成品数量	在产品约当量	分配率（元）	产成品分配额（元）
	C	D	$E = A \times B$	$F = \dfrac{C}{D + E}$	$G = D \times F$
直接材料					
直接人工					
制造费用					
合　计					

会计主管　　　　　复核　　　　　　　　记账　　　　　　制表

证表 55 – 2

新世纪工业公司生产费用
在完工产品和在产品之间分配表

产品名称：乙产品

在产品数量（A）完工程度 50%（B）　　　投料方式：一次投料　　　2014 年 12 月

成本项目	生产费用累计额	产成品数量	在产品约当量	分配率（元）	产成品分配额（元）
	C	D	$E = A \times B$	$F = \dfrac{C}{D + E}$	$G = D \times F$
直接材料					
直接人工					
制造费用					
合　计					

会计主管　　　　　复核　　　　　　　　记账　　　　　　制表

证表 55 –3

新世纪工业公司生产费用
在完工产品和在产品之间分配表

产品名称：丙产品

在产品数量（A）完工程度50%（B）　　　　投料方式：一次投料　　　　2014 年 12 月

成本项目	生产费用累计额	产成品数量	在产品约当量	分配率（元）	产成品分配额（元）
	C	D	$E = A \times B$	$F = \dfrac{C}{D + E}$	$G = D \times F$
直接材料					
直接人工					
制造费用					
合　计					

会计主管　　　　　　复核　　　　　　　　记账　　　　　　　制表

证表 55 –4

新世纪工业公司
产品成本计算单

产品名称：甲产品　　　　　　　2014 年 12 月　　　　　　　单位：元

项　目	成本项目（元）			
	直接材料	直接工资	制造费用	合计
月初余额				
本月发生额				
合　计				
约当产量　产成品				
约当产量　在产品				
约当产量　合　计				
产成品成本分配额				
期末在产品成本余额				
产成品单位产品成本				

会计主管　　　　　　复核　　　　　　　　记账　　　　　　　制表

证表 55 –5

新世纪工业公司
产品成本计算单

产品名称：乙产品　　　　　　　　　2014 年 12 月　　　　　　　　　单位：元

项　　目		成本项目（元）			
		直接材料	直接工资	制造费用	合计
月初余额					
本月发生额					
合　计					
约当产量	产成品				
	在产品				
	合　计				
产成品成本分配额					
期末在产品成本余额					
产成品单位产品成本					

会计主管　　　　　　复核　　　　　　　记账　　　　　　　制表

证表 55 –6

新世纪工业公司
产品成本计算单

产品名称：丙产品　　　　　　　　　2014 年 12 月　　　　　　　　　单位：元

项　　目		成本项目（元）			
		直接材料	直接工资	制造费用	合计
月初余额					
本月发生额					
合　计					
约当产量	产成品				
	在产品				
	合　计				
产成品成本分配额					
期末在产品成本余额					
产成品单位产品成本					

会计主管　　　　　　复核　　　　　　　记账　　　　　　　制表

证表 56 – 1

新世纪工业公司
产品销售成本结转表

2014 年 12 月　　　　　　　　　　　　　　　单位：元/件

品种	期初结余/本期入库产成品			本期出库产成品			销售成本
	数量	单位成本	金额	销售数量	单位成本	金额	金额
甲产品							
乙产品							
丙产品							
合计							

会计主管　　　　　　复核　　　　　　　　记账　　　　　　　制表

证表 58 – 1

新世纪工业公司
所得税计算表

2014 年 12 月　　　　　　　　　　　　　　　单位：元

项目	应税所得额				适用税率	应纳税额		
	1~11月利润总额	12月份利润总额	全年利润总额	全年应纳税所得额		全年应纳税额	已交税额	本季应纳税额
所得税					25%			

会计主管　　　　　　复核　　　　　　记账　　　　　　　　制表

附录2：房地产企业会计模拟实训原始凭证

证表1-1

辽宁省行政事业单位资金往来结算票据

辽财政监大字第011-1号　　　　　　　　　　No：1101296939

执收单位编码：　　　　　收款日期：2014年5月05日　　　　　校验码：

付款单位（交款人）	大连华盛房地产开发有限公司	结算方式	电汇
人民币（大写）	叁仟零伍拾万元整	￥30 500 000.00	
收款事由	2014-10#竞牌保证金		
收款单位财务专用章	行政事业单位资金往来结算票据，是指国家机关、事业单位、社会团体，经法律法规授权的具有管理公共事务职能的其他组织机构发生暂收、代收和单位内部资金往来结算等经济活动时开具的凭证。		

财务负责人：　　　　　　　　收款人：周　　　　　　　　交款人：

第三联 缴款凭证

证表1-2

大连银行电汇凭证（回单）　3

□普通　□加急　　　委托日期：2014年5月5日　　　　No. 1151594

	全　称	大连华盛房地产开发有限公司		全　称	大连市土地储备中心							
汇款人	账　号	800300094222030	收款人	账　号	00000301266297971							
	汇出地点	辽宁省大连市/县		汇入地点	辽宁省大连市/县							
汇出行名称		大连银行	汇入行名称		中国银行辽宁省分行							

		亿	千	百	十	万	千	百	十	元	角	分
金额	人民币（大写）：叁仟零伍拾万元整	￥	3	0	5	0	0	0	0	0	0	0

支付密码

附加信息及用途：竞买保证金

汇出行签章　　　　　　　　　　　　　复核　记账

此联汇出行给汇款人的回单

证表 1 – 3

凭证收费单

0010101　　操作员：20073　　　　日期：2014 年 05 月 05 日　　　　　　　流水号：118

单位	大连华盛房地产开发有限公司	账号	800300094222030	金额	200.50
单位	邮电费	账号	019000126206306705	金额	200.00
单位	手续费	账号	019000126206306	金额	0.50
单位		账号		金额	
备注	支付往账		30 500 000.00		

客户回单

证表 2 – 1

辽宁省非税收入统一收据

辽财政监大字第 002 号　　　　　　　No：1400030115

执收单位编码：　　　　　　　　　　　　　校验码：1400030115

缴款单位（姓名）：大连华盛房地产开发有限公司　　　　填开日期：2014 年 5 月 8 日

收费项目	数量	收费标准	金额
2014 – 10#土地出让金			￥30 500 000

大写：叁仟零伍拾万元整　　　　　小写：　　　　　支付方式：

执收单位（盖章有效）：　　　　收款人：周　　　　交款人：

第四联　报销凭证

证表 3 –1

一般缴款书 ①（收　据）

2014 年 5 月 10 日　填制

<table>
<tr><td rowspan="3">收款单位</td><td>财政机关</td><td>大连市财政局</td><td rowspan="3">缴款单位</td><td>全　　称</td><td colspan="2">大连华盛房地产开发有限公司</td></tr>
<tr><td>预算级次</td><td>市级</td><td>账　　号</td><td colspan="2">20001899973636</td></tr>
<tr><td>收款国库</td><td>国家金库大连市分库</td><td>开户银行</td><td colspan="2">哈尔滨银行大连分行</td></tr>
<tr><td colspan="2">预算科目名称（填写全称）</td><td rowspan="2">年度</td><td rowspan="2">月份</td><td colspan="11">金　　额</td><td>备注：</td></tr>
<tr><td>科目编码</td><td>科目名称</td><td>十</td><td>亿</td><td>千</td><td>百</td><td>十</td><td>万</td><td>千</td><td>百</td><td>十</td><td>元</td><td>角</td><td>分</td><td></td></tr>
<tr><td>103014801</td><td>土地出让价款收入</td><td></td><td></td><td>¥</td><td>1</td><td>5</td><td>3</td><td>6</td><td>0</td><td>0</td><td>0</td><td>0</td><td>0</td><td>0</td><td></td></tr>
<tr><td></td><td></td><td></td><td></td><td></td><td></td><td></td><td></td><td></td><td></td><td></td><td></td><td></td><td></td><td></td><td></td></tr>
<tr><td colspan="2">合　　计</td><td></td><td></td><td>¥</td><td>1</td><td>5</td><td>3</td><td>6</td><td>0</td><td>0</td><td>0</td><td>0</td><td>0</td><td>0</td><td></td></tr>
<tr><td colspan="17">金额人民币（大写）：壹亿伍仟叁佰陆拾零万零仟零佰零拾零元零角零分</td></tr>
<tr><td colspan="6">缴款单位公章

复核员　　　　填制人</td><td colspan="11">上述款项已收妥并划转收款单位账户

复核员　　　　记账员　　　　出纳员
国库（银行）盖章
年　　月　　日</td></tr>
</table>

证表 3 – 2

土地出让金缴库认定书

NO. 14 – 064

中标单位	大连华盛房地产开发有限公司												
市政府土地批件（中标确认书）编号	大政地城字【2014】6070 号												
中标地块位置	沙、中山路北侧		建筑用地编号					（2014）－15 号					
成交价总额	184 100 000.00		土地出让金总额					184 100 000.00					
缴纳土地出让金情况	时　间	金　额											
		十	亿	千	百	十	万	千	百	十	元	角	分
	2014 年 5 月 5 日			3	0	5	0	0	0	0	0	0	0
	2014 年 5 月 10 日		1	5	3	6	0	0	0	0	0	0	0
	年　月　日												
	年　月　日												
	合　计		1	8	4	1	0	0	0	0	0	0	0
	人民币（大写）零拾壹亿捌仟肆佰零壹拾万零仟零佰零拾零元零角零分												

截止到 2014 年 5 月 10 日，中标单位已缴纳（用地编号：（2014）—15 号）土地出让金，特此证明。

大连市土地出让金缴库认定专用章

2014 年 5 月 10 日

备　注	按照大连市国有土地使用权交易管理委员会会议纪要（25 期）、沙河口区《关于沙河口区改造项目土地出让滞纳金有关事宜的函》（沙政函发［2013］52 号）和市土地储备中心《关于大城（2014）—15 号地块净地移交有关情况的函》（大土储函发［2012］257 号），该地块已缴纳土地出让金 18 410 万元。

第一联　中标单位

证表 4－1

税务机关代开统一发票

发票代码：221021330101

发票号码：10179114

开票日期：2014－05－12

查询码 税控码 机器编号	22102330101102066258258 04496582942109434609 221020078007		密码区	机打代码：221021330101 机打号码：10206625	
付款方名称	大连华盛房地产开发有限公司		付款方证件号码	328357681070921	
收款方名称	兴隆土石方工程（大连）有限公司		收款方证件号码	2102043209871012	
工程项目名称	工程项目编号	结算项目	金额	备注	
绿色家园项目土石方工程	2312200001555	工程款	200 000.00		
工程项目地址：大连市沙河口区大连市沙河口区原景山宾馆					
合计金额（大写）	人民币贰拾万元整		代开发票专用章 代开单位盖章	小写	￥200 000.00
税额	￥6 780	完税凭证号码	221021140123Z01150	主管税务机关及代码	大连沙河口区地税局 22102040000

（大连市沙河口区地方税务局 代开发票专用章 2210204（21））

开票人：叶南

（手写无效）

证表 4－2

中国建设银行

转账支票存 根

10509130

03108065

附加信息 _____

_____

_____

出票日期 2014 年 5 月 12 日

收款人：
金　额：￥150 000.00
用　途：工程款

单位主管：　　　　会计：

证表 5－1

税务机关代开统一发票

发票代码：221021330101

开票日期：2014－05－13

发票号码：10179114

查询码 税控码 机器编号	2210233010110206625 8258 04496582942109434609 221020078007	密码区	机打代码：221021330101 机打号码：10206625	
付款方名称	大连华盛房地产开发有限公司	付款方证件号码	328357681070921	
收款方名称	大连万通园林绿化工程有限公司	收款方证件号码	2102043209871012	
工程项目名称	工程项目编号　　结算项目　　　金额			备注
绿色家园项目道路 两侧绿化改造工程土	2312200001555　　工程款　　300 000.00			
工程项目地址：大连市沙河口区				代开单位盖章
合计金额（大写）	人民币叁拾万元整		小写	￥300 000.00
税额	￥9 820	完税凭证号码	221021140123Z01150	主管税务机关及代码	大连沙河口区 地税局 22102040000

开票人：叶南　　　　　　　　　　　　　　　　　　（手写无效）

证表 5－2

中国建设银行

转账支票存 根

10509130

03108065

附加信息

_____

_____

出票日期 2014 年 5 月 13 日

收款人：王军
金　额：￥300 000.00
用　途：

单位主管：　　　　会计：

第二联：发票联（付款方记账凭证）

证表6－1

专用收款收据

辽财会账证49号　　　收款日期　2014年5月14日　　　0008322

付款单位（交款人）	王明	收 款 单 位（领款人）	大连华盛房地产开发有限公司		收款项目						定金
人民币（大写）	贰万元整		千	百	十	万	千	百	十	元	角	分	结算方式

<table>
<tr><td>付款单位（交款人）</td><td>王明</td><td>收 款 单 位（领款人）</td><td colspan="2">大连华盛房地产开发有限公司</td><td colspan="2">收款项目</td><td colspan="3">定金</td></tr>
<tr><td rowspan="2">人民币（大写）</td><td rowspan="2">贰万元整</td><td rowspan="2"></td><td>千</td><td>百</td><td>十</td><td>万</td><td>千</td><td>百</td><td>十</td><td>元</td><td>角</td><td>分</td><td rowspan="2">结算方式</td></tr>
<tr><td></td><td></td><td></td><td>2</td><td>0</td><td>0</td><td>0</td><td>0</td><td>0</td><td>现金</td></tr>
<tr><td>收款事由</td><td colspan="2">3－1－13－1　面积110.38平</td><td colspan="10"></td></tr>
<tr><td colspan="3">上述款项照数收讫无误，
收款单位财会专用章；
（领款人签章）</td><td colspan="3">会计主管</td><td>稽核</td><td colspan="2">出纳</td><td colspan="2">交款人</td></tr>
</table>

（印章：大连华盛房地产开发有限公司 财务专用章）

出纳：李颖

证表7－1

上海浦东发展银行

转账支票存 根

31009130

01541385

附加信息

_____

_____

出票日期 2014 年 5 月 15 日

收款人：余立
金　额：￥60 000.00
用　途：工程款

单位主管：　　　　会计：

证表 8 – 1

大连银行　电子缴税付款凭证　　回单凭证

记账日期：2014 年 05 月 15 日　　　流水号：307289　　　回单编号：201405190009913

纳税人全称和识别号：大连华盛房地产开发有限公司　　328357681070921

＊付款人户名：大连华盛房地产开发有限公司

＊付款人账号：328357681070921　　　征收机关名称：大连市沙河口区地方税务局

付款人开户行：解放广场支行营业部　　收款国库（银行）名称：国家金库大连市沙河口区支库

金额（小写）：￥134 898.20　　　　缴款书交易流水号：27246702

金额（大写）：人民币壹拾叁万肆仟捌佰玖拾捌元贰角

凭证编号：2210211140523039196

税（费）种名称	所属日期	实缴金额
营业税	2014＼04＼01 至 2014＼04＼30	￥134 898.20

第一次打印　　　记账员：D9911　　　复核员：D9911　　　打印柜员：

打印时间：2014 – 05 – 15　10：42：46　　打印网点：0013901　　验证码：27270204622

证表 8 – 2

大连银行　　电子缴税付款凭证　　回单凭证

记账日期：2014 年 05 月 15 日　　　流水号：307291　　　回单编号：201405190021190

纳税人全称和识别号：大连华盛房地产开发有限公司　　328357681070921

＊付款人户名：大连华盛房地产开发有限公司

＊付款人账号：328357681070921　　　征收机关名称：大连市沙河口区地方税务局

付款人开户行：解放广场支行营业部　　收款国库（银行）名称：国家金库大连市沙河口区支库

金额（小写）：￥9 442.87　　　　缴款书交易流水号：27246704

金额（大写）：人民币玖仟肆佰肆拾贰元捌角柒分

凭证编号：2210211140523039196

税（费）种名称	所属日期	实缴金额
城建税	2014＼04＼01 至 2014＼04＼30	￥9 442.87

第一次打印　　　记账员：D9911　　　复核员：D9911　　　打印柜员：

打印时间：2014 – 05 – 15　10：42：46　　打印网点：0013901　　验证码：27270204622

证表 8 – 3

大连银行　电子缴税付款凭证　　回单凭证

记账日期：2014 年 05 月 15 日　　流水号：307290　　回单编号：201405190020833

纳税人全称和识别号：大连华盛房地产开发有限公司　　328357681070921

＊付款人户名：大连华盛房地产开发有限公司

＊付款人账号：328357681070921　　征收机关名称：大连市沙河口区地方税务局

付款人开户行：解放广场支行营业部 收款国库（银行）名称：国家金库大连市沙河口区支库

金额（小写）：￥4 046.95　　　　　缴款书交易流水号：27246703

金额（大写）：人民币肆仟零肆拾陆元玖角伍分

凭证编号：221021140523039196

税（费）种名称	所属日期	实缴金额
教育费附加	2014 \ 04 \ 01 至 2014 \ 04 \ 30	￥4 046.95

第一次打印　　　记账员：D9911　　　复核员：D9911　　　打印柜员：

打印时间：2014 – 05 – 15　10：42：46　　打印网点：0013901　　验证码：27270204622

证表 8 – 4

大连银行　电子缴税付款凭证　　回单凭证

记账日期：2014 年 05 月 15 日　　流水号：307292　　回单编号：201405190009810

纳税人全称和识别号：大连华盛房地产开发有限公司　　328357681070921

＊付款人户名：大连华盛房地产开发有限公司

＊付款人账号：328357681070921　　征收机关名称：大连市沙河口区地方税务局

付款人开户行：解放广场支行营业部　收款国库（银行）名称：国家金库大连市沙河口区支库

金额（小写）：￥2 697.96　　　　　缴款书交易流水号：27246705

金额（大写）：人民币贰仟陆佰玖拾柒元玖角陆分　　　凭证编号：221021140523039196

税（费）种名称	所属日期	实缴金额
地方教育附加	2014 \ 01 \ 01 至 2014 \ 04 \ 30	￥2 697.96

第一次打印　　　记账员：D9911　　　复核员：D9911　　　打印柜员：

打印时间：2014 – 05 – 15　10：42：46　　打印网点：0013901　　验证码：27270204622

证表9-1

中国建设银行单位客户专用回单

币种：人民币　　　　　　　　2014 年 05 月 16 日　　　　　流水号：21200490ID790000002

<table>
<tr><td rowspan="3">付款人</td><td>全　称</td><td colspan="2">待清算间联商户消费款户</td><td rowspan="3">收款人</td><td>全　称</td><td colspan="2">大连华盛房地产开发有限公司</td></tr>
<tr><td>账　号</td><td colspan="2">10121200490131325000050002</td><td>账　号</td><td colspan="2">32189755810052503840</td></tr>
<tr><td>开户行</td><td colspan="2">中国建设银行大连星海广场支行柜台</td><td>开户行</td><td colspan="2">中国建设银行大连星海广场支行柜台</td></tr>
<tr><td>金　额</td><td colspan="4">（大写）人民币肆拾肆万玖仟捌佰肆拾元整</td><td colspan="2">（小写）¥449 840.00</td></tr>
<tr><td>凭证种类</td><td colspan="3"></td><td>凭证号码</td><td colspan="2"></td></tr>
<tr><td>结算方式</td><td colspan="3">转账</td><td>用　途</td><td colspan="2">10321021520 内卡清算款</td></tr>
<tr><td colspan="4">POS 消费笔数：2
POS 消费金额：450 000.00
手续费：160.00
DCC 手续费：0.00
消费净计金额：449 840.00
商户名称：大连华盛房地产开发有限公司
分期消费金额：0.00</td><td colspan="3">打印柜员：212004901002
打印机构：星海广场支行柜台
打印卡号：21200000001017806</td></tr>
</table>

打印时间：2014 - 05 - 15　　　交易柜员：21200490ID79　　　交易机构：212004901

（贷方回单）

证表 9 – 2

销售不动产统一发票（自开）

发票代码：22102133888

发票号码：10179009

开票日期：2014 – 05 – 16　　类别：销售商品普通住房

查询码 税控码 机器编号	221023301011020662 58258 044965829421094 34609 221020078007			密 码 区		机打代码：22102133888 机打号码：10179009		
付款方名称	高亮		身份证号/组织 机构代码/纳税 人识别号			328357681070921		
收款方名称	大连华盛房地产开发有限 公司		身份证号/组织 机构代码/纳税 人识别号			328357681070921		
不动产 项目名称	不动产 项目编号	销售的 不动产地址	建筑面积（　） 套内面积(√) （m²）		单价 （元/m²）	金额（元）	款项性质	1. 预售定金 2. 预收款 3. 结算款
绿色家园	2671889900123	12 – 3 – 15 – 1	100		11 500	450 000.00		预收款
合计金额（大写）人民币肆拾伍万元整						（小写）450 000.00		
备注						大连沙河口区地税局 22102040000		

开票人：叶南　　　　　　　　开票单位签章：　　　　　　　　　　　　（手写无效）

证表 10 –1

大连市国家税务局通用手工发票

发票联

发票代码　121021310431

发票号码　04889613

付款单位：大连华盛房地产开发有限公司　　　2014 年 5 月 16 日

项 目 内 容	金　额						备 注
	千	百	十	元	角	分	
喷绘制作费	9	8	0	0	0	0	
合计人民币（大写）：玖仟捌佰元整	9	8	0	0	0	0	

大连市西岗区新视界展览展示服务中心
210203681070921
发票专用章

收款单位名称：　　　　　　　　　　开票人：王丽

收款单位税号：

第二联　发票联

证表 10 –2

中国建设银行

转账支票存 根

10509130

03108107

附加信息：新视界

出票日期 2014 年 05 月 16 日

收款人：李栋	
金　额：￥9 800.00	
用　途：货款	

单位主管：　　　会计：

证表 11 −1

大连市住房公积金贷款划转凭证（借据）

2014 年 05 月 17 日　　　　贷款合同编号：3129900089

借 款 人	高亮	月利率	3.75‰	借款期限	25 年	还款方式	本息
付款单位	大连市住房公积金管理中心	付款账号	10122100899990000			开户银行	建行
收 款 人	大连华益房地产开发有限公司	收款账号	32189755810052503840			开户银行	建行星海支行
还款账号	33002211187005735	购房地址	沙区绿色家园 12 − 3 − 75 − 1			借款用途	购房

金　额	人民币（大写）柒拾万元整		百	十	万	千	百	十	元	角	分
		¥	7	0	0	0	0	0	0	0	0

同意受托银行按照大连市住房公积金管理中心的要求将上述借款划转入收款人的账户。　　　借款人（签章）：高亮	受托银行盖章： 会计：　　　复核：　　　记账：

·273·

证表 11 – 2

销售不动产统一发票（自开）

发票代码：22102133888
发票号码：10179009

开票日期：2014 – 05 – 17　　类别：销售商品普通住房

查 询 码 税 控 码 机器编号	22102330101102066258258 04496582942109434609 221020078007			密 码 区		机打代码：22102133888 机打号码：10179009			
付款方名称	高亮			身份证号/组织 机构代码/纳税 人识别号		328357681070921			
收款方名称	大连华盛房地产开发有限公司			身份证号/组织 机构代码/纳税 人识别号		328357681070921			
不动产 项目名称	不动产 项目编号	销售的 不动产地址	建筑面积（　） 套内面积（√） （m²）		单价 （元/m²）	金额（元）		款 项 性 质	1. 预售定金 2. 预收款 3. 结算款
绿色家园	2671889900123	12 – 3 – 15 – 1	100		11 500	700 000.00			预收款
合计金额（大写）人民币柒拾万元整						（小写）700 000.00			
备注				主管税务 机构及代码		大连沙河口区地税局 22102040000			

开票人：叶南　　　　　开票单位签章：　　　　　　　　　　　（手写无效）

证表 12 – 1

请款审批单

申请日期：2014 – 05 – 15

发起人	张鑫	所属分部	大连华盛房地产开发有限公司
所属部门	开发部	申请项目	临建拆迁补偿款
申请金额	16 000		
申请金额大写	壹万陆仟元整		
请款理由	绿色家园项目西侧周边居民临建房屋在我公司土石方施工阶段将其拆除，经双方协商，最终商定一次性现金补偿。		
部门负责人意见			
财务部负责审批	地产财务部/吴进 2014 – 05 – 20 09：26：09		
副总经理审批	同意 来自 iPad 客户端 总裁办/李铭 2014 – 05 – 20 09：43：09		
总经理审批	同意 总裁办/张华 2014 – 05 – 20 09：57：12		
集团财务总监审批	同意 集团总部/ 谢宇 2014 – 05 – 20 10：58：24		
董事长助理审批	总裁办/孟刚 2014 – 05 – 20 11：01：31		
董事长审批			

证表 12 – 2

上海浦东发展银行

转账支票存 根
31009130
01541387

附加信息
_____
_____

_____
出票日期 2014 年 5 月 18 日

收款人：孙俊
金 额：￥16 000.00
用 途：

单位主管： 会计：

证表 13 –1

专用收款收据

| 辽财会账证65 号 | | 收款日期　2014 年 5 月 19 日 | | | | | | | | | 0009236 | | |

第二联：收款单位记账凭证

付款单位（交款人）	赵岩	收款单位（领款人）	大连华盛房地产开发有限公司			收款项目		意向金			

人民币（大写）	贰万元整			千	百	十	万	千	百	十	元	角	分	结算方式
						￥	2	0	0	0	0	0	0	POS

收款事由	意向金 11#		经办	部门	
				人员	

上述款项照数收讫无误，收款单位财会专用章；（领款人签章）		会计主管	稽核	出纳	交款人
				李颖	

证表 13 –2

中国建设银行单位客户专用回单

币种：人民币　　　　　2014 年 05 月 19 日　　　流水号：21200490ID790000002

付款人	全　称	待清算间联商户消费款户	收款人	全　称	大连华盛房地产开发有限公司
	账　号	10121200490131325000500027		账　号	32189755810052503840
	开户行	中国建设银行大连星海广场支行柜台		开户行	中国建设银行大连星海广场支行柜台

金　额	（大写）人民币壹万玖仟捌佰肆拾元整	（小写）￥19 840.00

凭证种类		凭证号码	
结算方式	转账	用　途	1053020200296 内卡清算款

POS 消费笔数：2
POS 消费金额：20 000.00
手续费：160.00
DCC 手续费：0.00
消费净计金额：19 840.00

打印柜员：212004901002
打印机构：星海广场售得柜台
打印卡号：2120000091017806

（贷方回单）

打印时间：2014 – 05 – 19　　　交易柜员：21200490ID79　　　交易机构：212004901

证表 14 –1

大连市国家税务局通用手工发票

发票联

发票代码：121021310431

发票号码：05456558

付款单位：大连华盛房地产开发有限公司 　　2014 年 05 月 20 日

项 目 内 容	金 额						备 注
	千	百	十	元	角	分	
礼仪服务费	6	0	0	0	0	0	
合计人民币 （大写）：陆仟元整	6	0	0	0	0	0	

收款单位名称：　　　　　　　　　　　　　开票人：张宇

收款单位税号：

第二联　发票联

证表 14 –2

中国建设银行

转账支票存 根

10509130

03108107

附加信息　鑫鑫

出票日期 2014 年 05 月 20 日

收款人：王军
金　额：￥6 000.00
用　途：服务费

单位主管：　　　会计：

证表 15 –3

中国建设银行

转账支票存 根

10509130

03108107

附加信息　高清

出票日期 2014 年 05 月 21 日

收款人：赵敏
金　额：￥18 580.00
用　途：

单位主管：　　　会计：

证表 15－1

大连市国家税务局通用手工发票

发票联

发票代码 121021310431
发票号码 04020876

付款单位：大连华盛房地产开发有限公司　　2014 年 05 月 21 日

大国税字（13）053号 大连盛福票证12月

项目内容	千	百	十	元	角	分	备注
音箱×1 对×9 800.00	9	8	0	0	0	0	
合计人民币（大写）：玖仟捌佰元整	9	8	0	0	0	0	

第二联 发票联

收款单位名称：大连奥林匹克电子城高清先生电子商行　　开票人：王丽
收款单位税号：210204197201110052

证表 15－2

大连市国家税务局通用手工发票

发票联

发票代码 121021310431
发票号码 04020880

付款单位：大连华盛房地产开发有限公司　　2014 年 5 月 21 日

大国税字（13）053号 大连盛福票证12月

项目内容	千	百	十	元	角	分	备注
播放器×1×3 980.00	3	9	8	0	0	0	
幕布×1×4 800.00	4	8	0	0	0	0	
合计人民币（大写）：捌仟柒佰捌拾元整	8	7	8	0	0	0	

第二联 发票联

收款单位名称：大连奥林匹克电子城高清显示电子商行　　开票人：孙怡
收款单位税号：210204197201110052

证表 16－1

税务机关代开统一发票

发票联

发票代码：221021330101
发票号码：10179114

开票日期：2014－05－22

查 询 码 税 控 码 机器编号	221021000101101791140857 24067807630194913542 221020041378		密码区	机打代码：221021330101 机打号码：10179114	
付款方名称	大连华盛房地产开发有限公司		付款方证件号码	21020467997533X	
收款方名称	大连西山热力工程服务有限公司		收款方证件号码	210204118511965	
工程项目名称	工程项目编号	结算项目	金额		备注
大连绿色家园项目 供热外网管道配套工程	dk14000001819	工程款	46 500.00		
工程项目地址：沙河口区兴业街办事处中山路友好巷1号					代开单位盖章
合计金额（大写）	人民币肆万陆仟伍佰元整				￥46 500.00
税额	￥1 576.35	完税凭证号码	221021140123Z00340	主管税务机关及代码	大连沙河口区地税局 2210204000

开票人：王雪　　　　　　　　　　　　　　　　　　　　（手写无效）

证表 17 – 1

大连市国家税务局通用手工发票

发票联

发票代码　121021310431

发票号码　04889613

付款单位：大连华盛房地产开发有限公司　　　　2014 年 5 月 23 日

项　目　内　容	金　额						备　注
	千	百	十	元	角	分	
窗帘	4	0	0	0	0	0	
合计人民币：肆仟元整 （大写）	4	0	0	0	0	0	

收款单位名称：　　　　　　　　　　　　　　开票人：王丽

收款单位税号：

证表 17 – 2

大连市国家税务局通用手工发票

发票联

发票代码　121021310431

发票号码　04889613

付款单位：大连华盛房地产开发有限公司　　　　2014 年 5 月 23 日

项　目　内　容	金　额						备　注
	千	百	十	元	角	分	
灯具	6	0	0	0	0	0	
合计人民币：陆仟元整 （大写）	6	0	0	0	0	0	

收款单位名称：　　　　　　　　　　　　　　开票人：王丽

收款单位税号：

证表 17 – 3

大连市国家税务局通用手工发票

发票联

发票代码　121021310431

发票号码　04889613

付款单位：大连华盛房地产开发有限公司　　　　2014 年 5 月 23 日

项 目 内 容	金 额						备 注
	千	百	十	元	角	分	
家具	8	0	0	0	0	0	
合计人民币（大写）：捌仟元整	8	0	0	0	0	0	

大国税字（13）053号 大连盛福票证7月

第二联　发票联

收款单位名称：

收款单位税号：　　　　　　　　　　　开票人：王丽

证表 17 – 4

上海浦东发展银行

转账支票存 根

31009130

01541376

附加信息　大华家居

_____

_____

出票日期 2014 年 5 月 23 日

收款人：张正
金　额：￥18 000.00
用　途：

单位主管：　　　会计：

证表 18 -1

大连市国家税务局通用手工发票

发票联

发票代码 121021319872

发票号码 04889613

付款单位：大连华盛房地产开发有限公司　　　2014 年 5 月 24 日

项 目 内 容	金　额						备　注
	千	百	十	元	角	分	
模型费	7	0	0	0	0	0	
合计人民币 （大写）：柒万元整	7	0	0	0	0	0	

收款单位名称：　　　　　　　　　　　开票人：钱峰

收款单位税号：

证表 19 -1

大连市国家税务局通用手工发票

发票联

发票代码 121021310431

发票号码 04889613

付款单位：大连华盛房地产开发有限公司　　　2014 年 5 月 26 日

项 目 内 容	金　额						备　注
	千	百	十	元	角	分	
轻钢龙骨　1 000 平 ＊ 8 元	8	0	0	0	0	0	
合计人民币 （大写）：捌仟元整	8	0	0	0	0	0	

收款单位名称：大连华龙装饰材料市场宏达建材商行　　　开票人：刘

收款单位税号：322209198512285671

证表 19 – 2

报 销 单 （代 付款 凭证）
转账

	顺序号 _____ 整理号 _____

687H

现金付讫

原借款单号码	2014 年 5 月 26 日	应贷	一级科目
			二级科目
			三级科目

人民币（大写）捌仟元整　　　　￥8 000.00		借方科目	
用途说明：购建筑材料轻钢龙骨等		一级科目	
		二级科目	
		明细科目	
		金　额	
报销部门主管：李牧　　取款经手人：杨洋　　经办：张伟		记　账	

负责人：张杰　　会计主管　　记账　　审核：赵建国　　出纳

附单据　　张

证表 20 – 1

大连市国家税务局通用手工发票

发票联

发票代码　121021319872

发票号码　04889613

付款单位：大连华盛房地产开发有限公司　　　　2014 年 5 月 28 日

项 目 内 容	金　额						备　注
	千	百	十	元	角	分	
笔记本（1×3 800）	3	8	0	0	0	0	
合计人民币（大写）：叁仟捌佰元整	3	8	0	0	0	0	

大国税字（13）053号 大连盛福票证7月

第二联 发票联

大连电子城世纪宏远电子商行
210203681070921
发票专用章

收款单位名称：　　　　　　　　开票人：李林

收款单位税号：

证表 20 - 2

入 库 单

供应单位：　　　　　　　　　　2014 年 5 月 28 日　　　　　　　NO. 4176620

品名	规格	单位	数量	单价	金 额						
					十	万	千	百	十	元	角	分
笔记本电脑	联想	台	1	3 800			3	8	0	0	0	0
负责人	仓库负责人	高华	入库经手人	张丽	记账		合计			3	8	0	0	0	0

证表 20 - 3

上海浦东发展银行（浦发大连分行营业部）
借记/贷记通知（借记）

付款单位名称：大连华盛房地产开发有限公司	
付款单位账号：876699900003044	凭证编号：
收款单位名称：网上银行跨行系统异地汇划手续费收入	银行名称：浦发大连分行营业部
收款单位账号：75010142570000041	起息日：2014 年 05 月 28 日
交易名称：支付申请（单笔）	交易金额：RMB 5.00
摘要：跨行转账（网银异地）	

流水号：999570590340　　　　　　　交易日期：2014 年 05 月 28 日

注：如果日期，流水号，账号，摘要，金额相同，系重复打印　　经办柜员：99957059

证表 20 - 4

上海浦东发展银行（浦发大连分行营业部）
借记/贷记通知（借记）

付款单位名称：大连华盛房地产开发有限公司	
付款单位账号：876699900003044	凭证编号：
收款单位名称：大连电子城世纪宏远电子商行	银行名称：招商银行大连分行东港支行
收款单位账号：610281027710001	起息日：2014 年 05 月 28 日
交易名称：支付申请（单笔）	交易金额：RMB 3 800.00
摘要：	

流水号：999570590340　　　　　　　交易日期：2014 年 05 月 28 日

注：如果日期，流水号，账号，摘要，金额相同，系重复打印　　经办柜员：99957059

附录3：物流企业会计模拟实训原始凭证

证表 1 –1

发票联

2102133170

此联不作报销、扣税凭证使用　开票日期：2014 年 6 月 02 日

购货单位	名　　称：大连华新自动化有限公司 纳税人识别号：210213986219317 地　址、电话：大连市开发区东北街 29 号 0411 – 87219000 开户行及账号：招商银行开发区支行 34900581200910001	密码区	1 – 4/68 * – /4080 – 51 >/6 * * 2 – / + – 1 59 + 110 – 28 – 60335 + < * 0/ > 5240 > 4 25 + 8 < 11 * 5 – 6 > 853 – + * 497/ – * > 3 < / > 9268 > 47050 * – 66037 > 99 + 9 < 20

货物或应税劳务名称	规格型号	单位	数量	单价	金额	税率	税额
					15 628.30	6%	937.70
					￥15 628.30		￥937.70

价税合计（大写）	⊗壹万陆仟伍佰陆拾陆元整	（小写）　￥16 566.00

销货单位	名　　称：大连顺达物流有限公司 纳税人识别号：210202098788761 地　址、电话：辽宁省大连市中山区解放路 30 号 0411 – 38808911 开户行及账号：中国银行大连市中山广场支行 396656318319	备注	大连顺达物流有限公司 210202098788761 发票专用章

收款人：　　　复核：李红　　　　开票人：于丽　　　销货单位：（章）

第一联：记账联 销货方记账凭证

证表 2-1

大连 海关 进口增值税专用缴款书

收入系统：税务系统　　　填发日期：2014 年 5 月 27 日　　　号码：No09 - 1220141121000626 - 102

收款单位	收入机关	中央金库			缴款单位	单位名称	桠枫仪器（大连）有限公司	
	科　目	进口增值税	预算级次	中央		账　号		
	收款国库	工商行大连中山办				开户银行		

税号	货物名称	数量	单位	完税价格 ¥	税率（%）	税款金额 ¥
17.8542310000	集成电路	500.00	个	32 972.23	17.0000	5 605.28

金额人民币（大写）伍仟陆佰零伍元贰角捌分　　　　　　　　合计（¥）　¥5 605.28

申请单位编号	21029800060	报关单编号	09122014112l0006
合同批文号	D00025446	运输工具号	JL827
缴款期限	2014 年 6 月 11 日前	提装货单号	13148295984 - 0320

制单人：093918　　复核人：

备注：一般贸易　照章征税　2014 - 5 - 23
　　　国标代码：210211747876393JPY　　.060546

从填发缴款书之日起 15 日内缴纳（期末遇法定节假日顺延），逾期按日征收税款总额百分之五滞纳金

证表 3-1

中国石油天然气股份有限公司大连销售分公司（卷票）
商业货物销售发票
发票联
INVOICE

发票代码　121021422321
发票号码　00739421

机打票号　0000012080013693　　　收款员　王艳如
收款单位：中国石油大连销售分公司（星海湾加油站）

税务登记号　210202716951354
日期　2014/06/12
付款单位：大连顺达物流有限公司

项目	单价	数量	金额
车用乙醇汽油	7.61	26.281 21	200.00

小写合计　¥200.00
大写合计　贰佰元整

单位主管　　　　　　　　　　　　会计

证表 4 –1

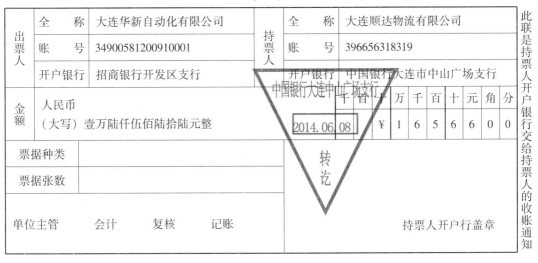

中国银行　进账单（收账通知）**1**

2014 年 06 月 08 日

出票人	全　称	大连华新自动化有限公司	持票人	全　称	大连顺达物流有限公司									
	账　号	34900581200910001		账　号	396656318319									
	开户银行	招商银行开发区支行		开户银行	中国银行大连市中山广场支行									
金额	人民币（大写）壹万陆仟伍佰陆拾陆元整				千	百	十	万	千	百	十	元	角	分
							¥	1	6	5	6	6	0	0
票据种类														
票据张数														
单位主管　　会计　　复核　　记账				持票人开户行盖章										

此联是持票人开户银行交给持票人的收账通知

证表 5 –1

大连银行进账单

2014 年 06 月 08 日　　　　　　　　　　　　　　　　（收账通知）

出票人	全　称	日本桠枫仪器（大连）有限公司										
	账　号	009012—00000088654										
	开户银行	三菱东京日联银行（中国）有限公司大连分行										
金额	人民币（小写）	亿	千	百	十	万	千	百	十	元	角	分
					¥	3	0	0	0	0	0	0
收款人	全　称	大连顺达物流有限公司										
	账　号	349100202602008										
	开户银行	大连银行安居支行										
票据种类					票据张数							
票据号码												
						收款人开户银行盖章						

证表 5 - 2

大连增值税专用发票

№ 00378780

2102133170

发票联

此联不作报销、扣税凭证使用   开票日期：2014 年 6 月 08 日

<table>
<tr><td rowspan="4">购货单位</td><td colspan="2">名　　　称：日本桠枫仪器（大连）有限公司</td><td rowspan="4">密码区</td><td rowspan="4">1 - 4/68 ＊ - /4080 - 51 ＞/6 ＊＊2 - / + - 1
59 + 110 - 28 - 60335 + ＜ ＊0/ ＞5240 ＞4
25 + 8 ＜ 11 ＊ 5 - 6 ＞853 - + ＊497/ - ＊ ＞3 ＜
/ ＞9268 ＞47050 ＊ - 66037 ＞99 + 9 ＜ 20</td><td rowspan="11">第一联：记账联 销货方记账凭证</td></tr>
<tr><td colspan="2">纳税人识别号：210213986219317</td></tr>
<tr><td colspan="2">地　址、电话：大连市西岗区北京街 321 号
0411 - 87219000</td></tr>
<tr><td colspan="2">开户行及账号：三菱东京日联银行（中国）有限
公司大连分行 34900581200910001</td></tr>
<tr><td colspan="2">货物或应税劳务名称
代理费</td><td>规格型号</td><td>单位</td><td>数量</td><td>单价</td><td>金额
28 301.89</td><td>税率</td><td>税额
1 698.11</td></tr>
<tr><td colspan="2"></td><td></td><td></td><td></td><td></td><td>￥28 301.89</td><td>6%</td><td>￥1 698.11</td></tr>
<tr><td colspan="2">价税合计（大写）　　⊗叁万元整</td><td colspan="6">（小写）　￥30 000.00</td></tr>
<tr><td rowspan="4">销货单位</td><td colspan="2">名　　　称：大连顺达物流有限公司</td><td rowspan="4">备注</td><td rowspan="4"></td></tr>
<tr><td colspan="2">纳税人识别号：210202098788761</td></tr>
<tr><td colspan="2">地　址、电话：辽宁省大连市中山区解放路 30
号 0411 - 38808911</td></tr>
<tr><td colspan="2">开户行及账号：中国银行大连市中山广场支
行 396656318319</td></tr>
</table>

收款人：　　　　　复核：李红　　　　开票人：于丽　　　　销货单位：（章）

证表 6 - 1

中国银行　　　　　批量收费客户回单

机构名称：中国银行大连中山广场支行营业部

机构号：04854

账户名称：大连顺达物流有限公司

账号：396656318319

收费名称：出租电子回单箱费用

应收金额：75.00

实收金额：75.00

未收金额：0.00

收费日期：20140610

摘要：2014 年 4 月—6 月出租电子回单箱费用

时间：2014 - 06 - 10 14：52：30　　　　　　打印次数：1（自助设备打印，注意避免重复）

证表 7－1

大连增值税普通发票

№ 00180931

2102133170

发票联

开票日期：2014 年 6 月 12 日

<table>
<tr><td rowspan="4">购货单位</td><td colspan="2">名　称：大连顺达物流有限公司</td><td rowspan="4">密码区</td><td rowspan="4">1－4/68＊－/4080－51＞/6＊＊2－/＋－1
59＋110－28－60335＋＜＊0/＞5240＞4
25＋8＜11＊5－6＞853－＋＊497/－＊＞3＜
/＞9268＞47050＊－66037＞99＋9＜20</td></tr>
<tr><td colspan="2">纳税人识别号：210202098788761</td></tr>
<tr><td colspan="2">地　址、电话：辽宁省大连市中山区解放路
30 号 0411－38808911</td></tr>
<tr><td colspan="2">开户行及账号：中国银行大连市中山广场支
行 396656318319</td></tr>
<tr><td colspan="2">货物或应税劳务名称</td><td>规格型号</td><td>单位</td><td>数量</td><td>单价</td><td>金额</td><td>税率</td><td>税额</td></tr>
<tr><td colspan="2">运费</td><td></td><td></td><td></td><td></td><td>81 500.00</td><td></td><td></td></tr>
<tr><td colspan="2">合　　计</td><td></td><td></td><td></td><td></td><td>￥81 500.00</td><td></td><td>￥0.00</td></tr>
<tr><td colspan="2">价税合计（大写）</td><td colspan="5">⊗捌万壹仟伍佰圆整</td><td colspan="2">（小写）　￥81 500.00</td></tr>
<tr><td rowspan="4">销货单位</td><td colspan="2">名　　称：大连中铁外服国际货运代理有
限公司</td><td rowspan="4">备注</td><td colspan="6" rowspan="4"></td></tr>
<tr><td colspan="2">纳税人识别号：210202744377409</td></tr>
<tr><td colspan="2">地　址、电话：大连市中山区港湾街 7 号
0411－82798811</td></tr>
<tr><td colspan="2">开户行及账号：交通银行营口大石桥支行
218056100018010047012</td></tr>
</table>

收款人：　　　　　复核：张楠　　　　　开票人：张楠　　　　销货单位：（章）

第二联：发票联 购货方记账凭证

证表 7－2

大连银行企业网银回单（付款）

回单凭证

日期：2014 年 6 月 12 日　　　流水号：147832　　　回单编号：201406180001561

付款人全称：大连顺达物流有限公司

付款人账号：800206202001943　　　　付款人开户行：中山支行安居

收款人全称：大连中铁外服国际货运代理有限公司

收款人账号：218056100018010047012　　　收款人开户行：301228000036营业部

金额小写：￥81 500.00

金额大写：人民币捌万壹仟伍佰元整

记账员：V9902　　　复核员：V9902　　　打印柜员：　　　　　打印时间 2014－06－12 15：06：36

打印网点：0012701　　　　　验证码：5500064515　　　设备编号：DD0130212001

证表 8 –1

中国人民健康保险股份有限公司大连分公司
大连市补充工伤保险专用发票

发票联

发票代码　221021425203

发票号码　10032730

开票日期：2014 – 06 – 15

单位名称：	大连顺达物流有限公司
项　　目：	团体补充工伤保险
编　　号：	00133945000023
金额（大写）：柒拾贰元整	（小写）：￥72.00
日　　期：	2014 – 06 – 15

公司名称　　　　　　　　　　复核　　　　　　　　　　　　经手人：UW9103

公司签章　　　地址：大连市中山区上海路 51 路宏孚大厦 1908 室　　　电话：4006695518

公司纳税人识别号：　　　　　　　　　　　　　　　　　　　　　（手写无效）

本发票限于 2014 年 7 月 31 日前填开使用有效

证表 9 –1

辽宁省社会团体会费统一收据

辽财政监字第 1601 号　　　　　校验码：1400030115

2014 年 6 月 18 日　　　　　　No 1400030115

交款单位或个人	大连顺达物流有限公司		
项目名称	标　准	数　量	金　额
会费			2 000.00
金额（大写）贰仟元整			￥2 000.00

收款单位（印章）　　　　　收款人（章）　任松　　　　　支票号　3364

第二联　收据（由交款人收执）

证表 9 – 2

中国银行

转账支票存 根

10509130

03108065

附加信息 _____

_____

_____

出票日期 2014 年 6 月 15 日

收款人：
金　额：￥2 000.00
用　途：会费

单位主管：　　　会计：

证表 10 – 2

中国银行

转账支票存 根

10509130

03108065

附加信息 _____

_____

_____

出票日期 2014 年 6 月 20 日

收款人：
金　额：￥19 380.00
用　途：物流费

单位主管：　　　会计：

证表 10 – 1

大连增值税专用发票　　　　　　No 00180931

2102133170

发票联

开票日期：2014 年 6 月 20 日

购货单位	名　　称：大连顺达物流有限公司 纳税人识别号：210202098788761 地址、电话：辽宁省大连市中山区解放路30号 　　　　　　0411 – 38808911 开户行及账号：中国银行大连市中山广场支行 　　　　　　396656318319	密码区	1 – 4/68 * – /4080 – 51 >/6 * * 2 – / + – 1 59 + 110 – 28 – 60335 + < * 0/ > 5240 > 4 25 + 8 < 11 * 5 – 6 > 853 – * * 497/ – * > 3 < / > 9268 > 47050 * – 66037 > 99 + 9 < 20

货物或应税劳务名称	规格型号	单位	数量	单价	金额	税率	税额
			1	18 283.02	18 283.02	6%	1 096.98
合　　计					￥18 283.02		￥1 096.98

价税合计（大写）	⊗壹万玖仟叁佰捌拾元整　　　　　　　　　（小写）￥19 380.00

销货单位	名　　称：大通国际物流（大连）有限公司 纳税人识别号：210202332670981 地址、电话：大连市中山区杏林街23号 　　　　　　0411 – 82791222 开户行及账号：中国建设银行大连西岗支行 　　　　　　21900811100018010047012	备注	

收款人：　　　复核：王玉　　　开票人：王玉　　　销货单位：（章）

第三联：发票联　购货方记账凭证

证表 11 −1

大连增值税专用发票

№ 00378780

2102133170

发票联

此联不作报销、扣税凭证使用   开票日期：2014 年 06 月 21 日

购货单位	名　　　称：大连金隆商贸公司 纳税人识别号：210213986219317 地　址、电话：大连市开发区东北街 29 号 0411 − 87219000 开户行及账号：建设银行黄河支行 34900581200910001	密码区	1 − 4/68 ∗ − /4080 − 51 >/6 ∗ ∗ 2 − / + − 1 59 + 110 − 28 − 60335 + < ∗ 0/ > 5240 > 4 25 + 8 < 11 ∗ 5 − 6 > 853 − + ∗ 497/ − ∗ > 3 < / > 9268 > 47050 ∗ − 66037 > 99 + 9 < 20

货物或应税劳务名称	规格型号	单位	数量	单价	金额	税率	税额
					20 000.00	6%	1 200.00
					￥20 000.00		￥1 200.00

价税合计（大写）	⊗贰万壹仟贰佰元整	（小写）　￥21 200.00

销货单位	名　　　称：大连顺达物流有限公司 纳税人识别号：210202098788761 地　址、电话：辽宁省大连市中山区解放路30 号 0411 − 38808911 开户行及账号：中国银行大连市中山广场支 396656318319	备注	大连顺达物流有限公司 210202098788761 发票专用章

收款人：　　　　复核：李红　　　　开票人：于丽　　　　销货单位：（章）

第一联：记账联 销货方记账凭证

证表 11－2

中国建设银行
China Construction Bank
中国建设银行单位客户专用回单

币别：人民币　　　　　　2014 年 06 月 21 日　　　　　流水号：2126400612UXA3BZ2GF

付款人	全　称	大连金隆商贸公司	收款人	全　称	大连顺达物流有限公司
	账　号	34900581200910001		账　号	25388099994217
	开户行	建行黄河支行		开户行	建行长星分理处

金额	（大写）人民币壹拾万贰仟肆佰捌拾元整	（小写）　￥21 200.00
凭证种类	电子转账凭证	凭证号码	020480786159
结算方式	转账	用途	代理费

汇划日期：2014－06－21 汇划款项编号：00498427
报文顺序号：00498427 汇入行行号：253888
汇入行行名：中国建行银行股份有限公司辽宁省分行
业务类型：0000　原凭证金额：21 200.00
原凭证种类：0038　原凭证号码：020480786159
附言：代理费

打印柜员：212640061002
打印机构：大连长星分理处
打印卡号：8620000000160748?

（电子回单专用章 01）

本回单可通过建行对公自助设备或建行网站校验真伪

（借方回单）

打印时间：2014－06－21 10：01：33　　交易柜员：K00000000001　　交易机构：212640061

证表 12－1

大连市国家税务局通用机打发票
（国家税务总局监制）
发票联

发票代码：121021310121

21/01027179　　　　　　　　　　　　　　　　发票号码：01027179

2014 年 06 月 23 日　　　　行业分类：部分现代服务业　　　　查询码：2155458467638968

名　称：大连顺达物流有限公司
纳税人识别号：210202098788761
地　址、电　话：辽宁省大连市中山区解放路 30 号 0411－38808911
开户行及账号：中国银行大连市中山广场支行 396656318319

项目及摘要	单位	数量	单价	金额
快递费		1	2 000	2 000.00

金额合计（大写）	贰仟元整	（小写）：￥2 000.00

名　称：辽宁省邮政速递物流有限公司大连市分公司	备注
纳税人识别号：210203554979302	
地　址、电　话：大连市西岗区高峰街 11 号 0411－83704133	
开户行及账号：中国邮政储蓄银行股份有限公司大连港湾支行 921001020000388912	

收款人：王凤　　　　复核人：王凤　　　　开票人：王凤　　　　销货单位（章）

证表 13－1

存款利息回收单

№ 00221213

2700032561

回 单 凭 证

开票日期：2014 年 06 月 21 日

收款人户名：利息支出	币种：人民币
收款人账号：253888	付款人开户行：中山广场支行
收款人户名：大连顺达物流有限公司	
收款人账号：396656318319	收款人开户行：中山广场支行
金额（小写）：3 800.00	科目：20008 对方科目 26003
金额（大写）：人民币叁仟捌佰元零角零分	
摘要：季度结息	
利率：0.385%　　积数：14，534，392.76	计息周期：20140321 至 20140620

第 1 次打印　　记账员：99999　　复核员：　　打印柜员：　　打印时间：2014－06－25

打印网点：0010101　　　　验证码：21502744517　　设备编号：

证表 14－1

大连增值税专用发票

№ 00180931

2102133170

发票联

开票日期：2014 年 6 月 27 日

购货单位	名　　称：大连顺达物流有限公司 纳税人识别号：210202098788761 地　址、电话：辽宁省大连市中山区解放路30号 0411－38808911 开户行及账号：中国银行大连市中山广场支行 396656318319	密码区	1－4/68＊－/4080－51＞/6＊＊2－/＋－1 59＋110－28－60335＋＜＊0/＞5240＞4 25＋8＜11＊5－6＞853－＋＊497/－＊3＜ /＞9268＞47050＊－66037＞99＋9＜20

货物或应税劳务名称	规格型号	单位	数量	单价	金额	税率	税额
汽油			3 311.258	6.452 991 45	21 367.52	17%	3 632.48
合　　计					¥21 367.52		¥3 632.48

价税合计（大写）	⊗贰万伍仟元整	（小写）　¥25 000.00

销货单位	名　　称：大连星海石化服务公司 纳税人识别号：210202332670981 地　址、电话：大连市中山路23号 82791222 开户行及账号：中国建设银行大连西岗支行 2190081100018010047012	备注	

收款人：　　复核：王玉　　　　开票人：王玉　　　销货单位：（章）

第三联：发票联 购货方记账凭证

证表 15 –1

中国银行

转账支票存 根

10509130

03108065

附加信息

_____

_____

出票日期 2014 年 1 月 27 日

收款人：
金　额：￥41 700.00
用　途：运费

单位主管：　　　　　会计：

证表 15 –2

代开 2102133760

2102133760

00037594

货物运输业增值税专用发票

No 00037591

发票联　　　　　开票日期：2014 年 06 月 29 日

承运人员纳税人识别号	大连公路货物运输市场诚实货运代理部 210211787318425	密码区	03/ ⁺ ⁺+054⁺4 –/1 >0 >6 + ⁺6017 <09/4 +0 –474 3 +/310—325 +7171 + 2 >9⁺ >998 ⁺968 – 49 <857 <80674 ⁺99480645 + 04 <852151 + 312 < ⁺5 < ⁺80 2531 ⁺57381 ⁺ + < –6 + <201/ ⁺ /8094/3 > <6 >70 +
实际受票方及纳税人识别号	大连顺达物流有限公司 210202098788761		

收货人及纳税人识别号	大连顺达物流有限公司 210202098788761	发货人及纳税人识别号	大连顺达物流有限公司 210202098788761
起运地、经由、到达地			

费用项目及金额	费用项目 运费	金额 40 485.44	费用项目	金额	运输货物信息

合计金额	￥40 485.44	税率	3%	税额	￥1 214.56	机器编号	499900695190

价税合计（大写）	肆万壹仟柒佰元整		（小写）41 700.00

车种车号	辽 BJ0300	车船吨位	1.49	备注	210203554979302 完税凭证号码：213818000013939433 213513000010970133
主管税务机关及代码	甘井子国税局全运物流货运代开站点 12102119995				

收款人：　　　复核人：　　　开票人：高强　　　承运人：（章）

附录4：商贸企业会计模拟实训原始凭证

证表1-1

大连增值税专用发票

№ 00180931

2102133170

发票联

开票日期：2014 年 10 月 03 日

购货单位	名　　　称：大连华宝经贸有限公司 纳税人识别号：21080993561123 地 址、电 话：大连市中山区港湾路100 号 0411－36670988 开户行及账号：中国银行大连杏林街支行 3290888756321409	密码区	1－4/68＊－/4080－51＞/6＊＊2－/＋－1 59＋110－28－60335＋＜＊0/＞5240＞4 25＋8＜11＊5－6＞853－＋＊497/－＊ ＞3＜ /＞9268＞47050＊－66037＞99＋9＜20

货物或应税劳务名称	规格型号	单位	数量	单价	金额	税率	税额
天赋珍藏干红	750	ml	80	117.521 37	9 401.71	17%	1 598.29
合　　计					¥9 401.71		¥1 598.29

价税合计（大写）	⊗壹万壹仟元整	（小写）¥11 000.00

销货单位	名　　　称：大连国丰投资发展有限公司 纳税人识别号：210202332670981 地 址、电 话：大连市中山区友好路23 号 0411－82791222 开户行及账号：中国建设银行大连西岗支行 219008110001801004	备注	大连国丰投资发展有限公司 210202332670981 发票专用章

收款人：　　　　　复核：王玉　　　　　开票人：王玉　　　　　销货单位：（章）

证表1-2

入　库　单

供货单位	大连国丰投资发展有限公司				
商品名称	规格型号	单位	数量	单价	金额
天赋珍藏干红	13 503	瓶	80	117.52	9 401.71
合计			80	合计	9 401.71

证表 2 – 1

中国银行进账单（收账通知） 1

2014 年 10 月 05 日

出票人	全　称	大连源达有限公司	持票人	全　称	大连华宝经贸有限公司
	账　号	323400087514253		账　号	3290888756321409
	开户银行	中国银行中山广场支行		开户银行	中国银行大连杏林街支行

金额	人民币（大写）捌仟贰佰元整	千 百 十 万 千 百 十 元 角 分　¥ 8 2 0 0 0 0

中国银行大连杏林街支行
2014.10.05
转讫

票据种类

持票人开户行盖章

联是持票人开户银行交给持票人的收账通知

证表 2 – 2

大连增值税专用发票

No 00378780

2102133170

此联不作报销、扣税凭证使用　　开票期：2014 年 10 月 05 日

购货单位	名　　　称：大连源达有限公司 纳税人识别号：210213986219317 地　址、电话：大连市中山区七七街 12 号 0411 – 87219000 开户行及账号：中国银行中山广场支行 323400087514253	密码区	1 – 4/68 * – /4080 – 51 >/6 * * 2 – / + – 1 59 + 110 – 28 – 60335 + < * 0/ > 5240 > 4 25 + 8 < 11 * 5 – 6 > 853 – + * 497/ – * > 3 < / > 9268 > 47050 * – 66037 > 99 + 9 < 20

货物或应税劳务名称	规格型号	单位	数量	单价	金额	税率	税额
奔富 398 干红	750mL	瓶	100	70.085 47	7 008.55	17%	1 191.45
					¥ 7 008.55		¥ 1 191.45

价税合计（大写）	⊗捌仟贰佰元整	（小写）¥ 8 200.00

销货单位	名　　　称：大连华宝经贸有限公司 纳税人识别号：21080993561123 地　址、电话：大连市中山区港湾路 100 号 0411 – 36670988 开户行及账号：中国银行大连杏林街支行 3290888756321409	备注	大连华宝经贸有限公司 21080993561123 发票专用章

第一联：记账联 销货方记账凭证

收款人：　　　　　复核：李红　　　　开票人：于丽　　　　销货单位：（章）

证表 3 – 1

国内跨行大额汇款凭证

业务编号：560002311　　　　渠道标号：CMTT2333333　　　　业务类型：C100

发起行行号：1049998888　　汇款人开户行行号：1049998888　　汇出行委托日期：2014/10/08

汇款人开户行名称：中国银行大连杏林街支行

汇款人账号：3290888756321409

汇款人名称：大连华宝经贸有限公司

接收行行号：21233559　　　收款人开户行行号：21233559　　　汇出行经办日期：2014/10/08

收款人开户行名称：中国建设银行大连西岗支行

收款人账号：219008110001801004

收款人名称：大连国丰投资发展有限公司

汇款币种、金额：CNY 11 000.00

大写金额：人民币壹拾万壹仟元整

手续费币种、金额：CNY 0.50

大写金额：人民币伍角

电子汇划费币种、金额：CNY 15.00

大写金额：人民币壹拾伍元整

此联为客户回单　　　　　　　　　　　　　　　　　银行盖章

证表 4 –1

中国银行辽宁省分行
特种转账借方传票

2014 年 10 月 15 日　　　　　　　　　　　　（借）

付款单位	全称	大连华宝经贸有限公司	收款单位	全称	中国银行									
	账号或地址	3290888756321409		账号或地址									
	开户银行	中行杏林街支行	行号		开户银行		行号						
金额	人民币（大写）	人民币伍元整			千	百	万	千	百	十	元	角	分
									￥	5	0	0
	短信费										（银行盖章）		

复核　　　　　　　　记账　　　　　　　　制票

证表 4 – 2

批量收费通知单（对公）

交易日期：2014/10/15　　　　交易机构：04367　　　　交易流水号：966768499

付款人名称：大连华宝经贸有限公司
付款人账号：3290888756321409
账户类别：　　　　　　　册号：
付款人开户行：中国银行大连杏林街支行

收费名称：对公账户维护费
应收金额：CNY30.000

实收金额（小写）：CNY30.000
实收金额（大写）：人民币叁拾元整

此联为客户回单　　　　　　　　　　　　银行盖章

证表 5 – 1

大连增值税专用发票　　　　　№ 00378780

2102133170

此联不作报销、扣税凭证使用　　开票日期：2014 年 10 月 16 日

	货物或应税劳务名称	规格型号	单位	数量	单价	金额	税率	税额
购货单位	名　　称：大连华龙联合担保有限公司　纳税人识别号：210213986219317　地址、电话：大连市西岗区北京街212号 0411 – 87219000　开户行及账号：中国工商银行北京街支行 323400087514253							
	天赋珍藏干红		瓶	24	169. 230 769	4 061. 54	17%	690. 46
						￥4 061. 54		￥690. 46

密码区：
1 – 4/68 ＊ – /4080 – 51 >/6 ＊＊2 – / + – 1
59 + 110 – 28 – 60335 + < ＊0/ > 5240 > 4
25 + 8 <11 ＊ 5 – 6 > 853 – ＊ 497/ – ＊ > 3 <
/ > 9268 > 47050 ＊ – 66037 > 99 + 9 < 20

价税合计（大写）　⊗肆仟柒佰伍拾贰元整　　　　　　（小写）￥4 752.00

销货单位	名　　称：大连华宝经贸有限公司　纳税人识别号：21080993561123　地址、电话：大连市中山区港湾路100号 0411 – 36670988　开户行及账号：中国银行大连杏林街支行 3290888756321409	备注

收款人：　　　　复核：李红　　　　开票人：于丽　　　　销货单位：（章）

第一联：记账联 销货方记账凭证

证表 5 – 2

托收凭证（回单）　1

委托日期：2014 年 10 月 16 日　　付款期限：　　年　月　日　　　　　　　编号：573605

业务类型		委托收款（□电划　□邮划）　托收承付（□电划　□邮划）											
收款人	全　称	大连华宝经贸有限公司	付款人	全　称	大连华龙联合担保有限公司							
	账号或住址	3290888756321409		账号或住址	323400087514253							
	开户银行	中国银行大连杏林街支行		开户银行	中国工商银行北京街支行							
金额	人民币（大写）	肆仟柒佰伍拾贰元整			千	百	十	万	千	百	十	元	角	分
								¥	4	7	5	2	0	0
款项名称	货款	委托收款凭证名称	发票	附单证张数								
备注												

（印章：中国银行大连杏林街支行　2014.10.16　办讫章）

证表 6 – 1

大连增值税专用发票　　　№ 00180931

发票联

2102133170　　　　　　　　　　　　　　　　　　开票日期：2014 年 10 月 18 日

购货单位	名　　称	大连华宝经贸有限公司	密码区	1 –4/68 ＊ –/4080 –51 >/6 ＊ ＊2 –/ ＋ –1
	纳税人识别号：	21080993561123		59 ＋110 –28 –60335 ＋ ＜ ＊0/ >5240 >4
	地　址、电话：	大连市中山区港湾路 100 号 0411 – 36670988		25 ＋8 ＜11 ＊5 – 6 >853 – ＋ ＊497/ – ＊ >3 ＜
	开户行及账号：	中国银行大连杏林街支行 3290888756321409		/ >9268 >47050 ＊ –66037 >99 ＋9 ＜20

货物或应税劳务名称	规格型号	单位	数量	单价	金额	税率	税额
运费					11 320.75	6%	679.25
合　计					¥ 11 320.75		¥ 679.25

价税合计（大写）	⊗壹万贰仟元整		（小写）　¥ 12 000.00

销货单位	名　　称	深圳市鹏城海物流有限公司大连分公司	备注	
	纳税人识别号：	210202332670981		
	地　址、电话：	大连市中山区港湾街 20 号 0411 – 82791222		
	开户行及账号：	工行二七广场支行 219008110001801004		

（印章：深圳市鹏城海物流有限公司大连分公司　210202332670981　发票专用章）

收款人：　　　复核：王玉　　　　　　开票人：王玉　　　销货单位：（章）

证表 6－2

中国银行

转账支票存 根

10509130

03108065

附加信息

_____

_____

出票日期 2014 年 10 月 18 日

收款人：
金　额：￥12 000.00
用　途：运费（代理费）

单位主管：　　　会计：

证表 7－1

大连增值税专用发票

№ 00378780

2102133170

此联不作报销、扣税凭证使用　开票日期：2014 年 10 月 20 日

购货单位	名　　称：大连华龙联合担保有限公司 纳税人识别号：210213986219317 地址、电话：大连市西岗区北京街 212 号 0411－87219000 开户行及账号：中国工商银行北京街支行 323400087514253	密码区	1－4/68＊－/4080－51＞/6＊＊2－/＋－1 59＋110－28－60335＋＜＊0/＞5240＞4 25＋8＜11＊5－6＞853－＋＊497/－＊＞3＜ /＞9268＞47050＊－66037＞99＋9＜20		
货物或应税劳务名称	规格型号	单位	数量	单价	金额	税率	税额

货物或应税劳务名称	规格型号	单位	数量	单价	金额	税率	税额
天赋珍藏干红		瓶	24	16.923 076 9	406.15	17%	69.05
					￥406.15		￥69.05

价税合计（大写）	⊗肆佰柒拾伍元贰角整	（小写）￥475.20

销货单位	名　　称：大连华宝经贸有限公司 纳税人识别号：21080993561123 地址、电话：大连市中山区港湾路 100 号 0411－36670988 开户行及账号：中国银行大连杏林街支行 3290888756321409	备注	大连华宝经贸有限公司 21080993561123 发票专用章

收款人：　　　复核：李红　　　开票人：于丽　　　销货单位：（章）

第一联：记账联 销货方记账凭证

证表 7 - 2

开具红字增值税专用发票通知单

填开日期：2014 年 10 月 18 日　　　　　　　　　　　　　　　　NO. 2014098

销售方	名　称	大连华宝经贸有限公司	购买方	名　称	大连华龙联合担保有限公司
	税务登记代码	21080993561123		税务登记代码	210213986219317

开具红字发票内容	货物（劳务）名称	单价	数量	金额	税额
	天赋珍藏干红	16.923 076 9	24	406.15	69.05
	合计	——	——	406.15	69.05

说明	需要作进项税额转出□ 不需要作进项税额转出□ 　　纳税人识别号认证不符□ 　　专用发票代码、号码认证不符□ 　　对应蓝字专用发票密码区内打印的代码：210213331790 　　　　　　　　　　　　　　　号码：00378780 开具红字专用发票理由：商品瑕疵

经办人：张丽　　　　负责人：　　　　　主管税务机关名称（印章）：大连市西岗区国税局

证表 8 - 1

入　库　单

供货单位	大连市祥云酒品商行				
商品名称	规格型号	单位	数量	单价	金额
穗乐仙干红		瓶	10	89.00	890.00
合计			10	合计	890.00

证表 8－2

大连市国家税务局通用手工发票

发票联

发票代码 121021319872

发票号码 04889613

付款单位：大连华宝经贸有限公司　　　　2014 年 10 月 21 日

大国税字（13）053 号 大连盛福票证 7 月

项 目 内 容	金　额						备　注
	千	百	十	元	角	分	
穗乐仙　10 瓶×89 元		8	9	0	0	0	
合计人民币（大写）：捌佰玖拾元整		8	9	0	0	0	

收款单位名称：大连市沙河口区祥云酒品商行　　　　开票人：丁玲

收款单位税号：210209990010209765

第二联　发票联

证表 9－1

大连增值税专用发票

发票联

№ 00180931

2102133170　　　　　　　　　　　　　　开票日期：2014 年 10 月 23 日

购货单位	名　称：大连华宝经贸有限公司 纳税人识别号：21080993561123 地址、电话：大连市中山区港湾路 100 号　0411－36670988 开户行及账号：中国银行大连杏林街支行　3290888756321409	密码区	1－4/68＊－/4080－51＞/6＊＊2－/＋－1 59＋110－28－60335＋＜＊0/＞5240＞4 25＋8＜11＊5－6＞853－＋＊497/－＊＞3＜ /＞9268＞47050＊－66037＞99＋9＜20

货物或应税劳务名称	规格型号	单位	数量	单价	金额	税率	税额
咨询费			1	3 396.226 42	3 396.23	6%	203.77
合　计					¥3 396.23		¥203.77

价税合计（大写）	⊗叁仟陆佰元整	（小写）¥3 600.00

销货单位	名　称：大连兴安管理顾问有限公司 纳税人识别号：21020290008356 地址、电话：大连市西岗区石葵路 323 号　0411－82791222 开户行及账号：中国工商银行石葵路分理处　410200988885421	备注	

收款人：　　　复核：王玉　　　开票人：王玉　　　销货单位：（章）

第三联：发票联　购货方记账凭证

证表 9 – 2

中国银行

转账支票存 根

10509130

03108065

附加信息＿＿＿＿＿＿＿＿＿＿＿

＿＿＿＿＿＿＿＿＿＿＿＿＿＿＿

＿＿＿＿＿＿＿＿＿＿＿＿＿＿＿

出票日期 2014 年 10 月 23 日

收款人：
金　额：￥3 600.00
用　途：咨询费

单位主管：　　　　会计：

证表 10 – 1

入　库　单

供货单位	大连国宏酒业有限公司					
商品名称	规格型号	单位	数量	单价	金额
奔富 128			50	149.00	7 450.00
奔富珍藏			30	114.00	3 420.00
合计（大写）			80	合计	10 870.00

附录5：酒店企业会计模拟实训原始凭证

证表1-1

营业收入日报表

2014 年 6 月 7 日 （单位：元）

营业收入日报表					预收房金		备注
项目	单人间	标准间	套房	合计			
房金	1 800	6 200	3 000	11 000	上日结存	26 000	
加床				0	本日应收	11 250	
饮料	36	92	22	150	本日交付	8 000	
食品	24	58	18	100	其中：库存现金	5 800	
电话费				0	支票		
赔偿				0	银行卡	2 200	
其他							
合计	1 860	6 350	3 040	11 250			
出租客房间数：58 间					本日结存	22 750	
空置客房间数：23 间					长款：短款		

证表1-2

辽宁省沈阳市地方税务局通用机打发票

记账联

发票号码 2101010101
发票号码 36789

开票日期 2014-6-7 　　行业分类 旅店业 　　类型单位

查询码　2101010101367890000 税控码　14253612421512 机器编号　2101010057723		密码区	机打代码 2101010101 机打号码 36789		
付款方名称	东科投资		付款方证件号码		
收款方名称	艾米亚酒店		收款方识别号	210212892012303	
开具项目	人数	住宿日期起	住宿日期止	天数	单价
住宿费	32	2014-6-6	2014-6-7	1	180
合计金额（大写）人民币伍仟柒佰陆拾元整			小写 5 760.00		
备注			主管税务机关 及代码	沈阳市皇姑区地税局 21010110000	

收款单位盖章： 　　　　收款人：王丽 　　　　开票人：张艳

证表 1 – 3

辽宁省沈阳市地方税务局通用机打发票

记账联

发票号码　2101010101

发票号码　36790

开票日期　2014 – 6 – 7　　　行业分类　旅店业　　　类型单位

查询码	2101010101367890000	密码区	机打代码 2101010101
税控码	14253612421512		机打号码 36789
机器编号	2101010057723		

| 付款方名称 | 东科投资公司 | 付款方证件号码 | |
| 收款方名称 | 艾米亚酒店 | 收款方识别号 | 210212892012303 |

| 开具项目 | 人数 | 住宿日期起 | 住宿日期止 | 天数 | 单价 |
| 住宿费 | 26 | 2014 – 6 – 6 | 2014 – 6 – 7 | 1 | 211.15 |

| 合计金额（大写）人民币伍仟肆佰玖拾元整 | | ¥5490.00 |
| 备注 | | 主管税务机关及代码 | 沈阳市皇姑区地税局 21010110000 |

收款单位盖章：　　　　收款人：王丽　　　　开票人：张艳

第二联　记账联（收款方记账凭证）

证表 1 – 4

押金收据

收款日期 2014 年 6 月 7 日　　　　　　　　　　　　编号：SK201400123

付款单位（交款人）	谭明	收款单位（收款人）	艾米亚酒店			收款项目			押金		
				千	百	十	万	千	百	十	元	角	分	结算方式
人民币	贰仟伍佰元整							¥	2	5	0	0	0	0	现金
收款事由	客房押金		经办人		王丽		
收款单位签章			交款人		谭明		

第二联　收款单位记账依据

证表 1－5

押 金 收 据

收款日期 2014 年 6 月 7 日　　　　编号：SK201400124

付款单位（交款人）	张小明	收款单位（收款人）			艾米亚酒店			收款项目			押金
人民币	叁仟叁佰元整	千	百	十	万	千	百	十	元	角	分	结算方式
					¥	3	3	0	0	0	0	现金
收款事由	客房押金	经办人				王丽						
收款单位签章		交款人				张小明						

第二联 收款单位记账依据

证表 1－6

押 金 收 据

收款日期 2014 年 6 月 7 日　　　　编号：SK201400125

付款单位（交款人）	李东东	收款单位（收款人）			艾米亚酒店			收款项目			押金	
人民币	贰仟贰佰元整	千	百	十	万	千	百	十	元	角	分	结算方式
					¥	2	2	0	0	0	0	银行存款
收款事由	客房押金	经办人				王丽						
收款单位签章		交款人				李东东						

第二联 收款单位记账依据

证表 1－7

内部交款单（收款凭证）

2014－6－7　　　　0165431

交款项目	摘要	交款金额								收讫印
		十	万	千	百	十	元	角	分	
客房收入	2010 年 6 月 7 日客账汇总			8	0	0	0	0	0	
合计	人民币（大写）⊗拾⊗万捌仟零佰零拾零元零角零分									¥8 000.00

附单据　张

合计主管（或审核）　　记账　　出纳　张宏　　交款人　王丽

证表 1－8

押 金 收 据

收款日期 2014 年 6 月 6 日   编号：SK201400100

付款单位 （交款人）	林红	收款单位 （收款人）		艾米亚酒店		收款项目				押金	
人民币	伍仟柒佰陆拾元整	千	百	十	万	千	百	十	元	角	分	结算方式
						¥	5	7	6	0	0	0	现金
收款事由	客房押金			经办人			王丽				
收款单位签章				交款人			林红				

证表 1－9

押 金 收 据

收款日期 2014 年 6 月 6 日   编号：SK201400105

付款单位 （交款人）	马小倩	收款单位 （收款人）		艾米亚酒店		收款项目				押金	
人民币	伍仟肆佰玖拾元整	千	百	十	万	千	百	十	元	角	分	结算方式
						¥	5	4	9	0	0	0	现金
收款事由	客房押金			经办人			王丽				
收款单位签章				交款人			马小倩				

证表 1 – 10

中国银行

特约商户名称：
艾米亚酒店
终端机号　15060636
特约商户编号　2054233

卡别/卡号　　　　　　　　操作员号
发卡方：中行中银卡
　6227 60＊＊　＊＊＊1213
交易类别　房费　　　　有效期　2017/03
批次号码　03028　　　　查询号　　　121
日期/时间　2014/06/07　08：03：17
序号　　　2101780223　　授权号　34567

　　　　　　　　　　RMB ￥2 200.00

流水号：001222
持卡人：WANG QING

　　　同意支付上述款项
　　　（持卡人签字）
　　　　　王清

商户存根

证表 2 – 1

艾米亚酒店
领　料　单

领料单位：客房部
第 005 号　　　　　　　2014 年 6 月 11 日

材料编号	品　名	单　位	数量	单位实际成本	总价（元）	备注
	客房用品	批	1		2 700.00	
用　途	客房				库管员	领用人
					王红	李力

二、会计部

证表 3 – 1

报 销 单

2014 年 6 月 15 日

人民币（大写）伍佰伍拾元整 ￥550.00		借方科目	
用途说明：电视机修理费 250 元，		一级科目	
电脑修理费 300 元		二级科目	
		明细科目	
		金　额	
报销部门主管　陈力明　　　　经办人　赵新		记　账	

附单据　张

证表 4 – 1

沈阳市国家税务局通用手工发票

发票联

发票代码：121021310431
发票号码：05022112

付款单位：艾米亚酒店　　　　　2014 年 6 月 18 日

项 目 内 容	金额						备注
	千	百	十	元	角	分	
客房用品	9	8	0	0	0	0	
合计人民币（大写）　玖仟捌佰元整	9	8	0	0	0	0	

收款单位名称：大海客房用品有限公司　　　　　开票人：张三
收款单位税号：

第二联　发票联

证表 5 – 1

押 金 收 据

收款日期 2014 年 6 月 20 日　　　　　　编号：SK201400155

付款单位 （交款人）	杨阳	收款单位 （收款人）	艾米亚酒店		收款项目		押金	
			千	百	十	万	千	百	十	元	角	分	结算方式
人民币	贰仟元整						￥	2	0	0	0	0	0	现金
收款事由	婚宴定金		经办人		王丽			
收款单位签章			交款人		杨阳			

第二联　收款单位记账依据

证表 5 – 2

内部交款单（收款凭证）

2014 – 6 – 20　　　　　　　　　　　　　0165440

交款项目	摘要	交款金额								收讫印
		十万	千	百	十	元	角	分		
餐饮定金	收杨阳婚宴定金		2	0	0	0	0	0		
合计	人民币（大写）⊗拾⊗万贰仟零佰零拾零元零角零分									￥2 000.00

合计主管（或审核）　　　记账　　　出纳　张宏　　　交款人　王丽

附单据　张

证表 6 – 1

沈阳市国家税务局通用手工发票

发票联

发票代码：121021310567
发票号码：050223512

付款单位：艾米亚酒店　　　　　　2014 年 6 月 26 日

项 目 内 容	金额						备注
	千	百	十	元	角	分	
大米	1	5	0	0	0	0	
面	2	0	0	0	0	0	
油						0	
合计人民币（大写）　肆仟伍佰元整	4	5	0	0	0	0	

收款单位名称：富贵日杂公司　　　　　　　　　　　　开票人：张平
收款单位税号：

第二联
发票联

证表 6 – 2

沈阳市国家税务局通用手工发票

发票联

发票代码：1210221325642
发票号码：030205672

付款单位：艾米亚酒店　　　　　　2014 年 6 月 26 日

项 目 内 容	金额						备注
	千	百	十	元	角	分	
肉类	1	0	0	0	0	0	
海鲜类	3	0	0	0	0	0	
蔬菜类	2	0	0	0	0	0	
合计人民币（大写）　陆仟元整	6	0	0	0	0	0	

收款单位名称：日丽副食品超市　　　　　　　　　　　开票人：白丽
收款单位税号：

第二联
发票联

证表 7 –1

艾米亚酒店餐饮账单

日期：2014 年 6 月 28 日

服务员：张小梅

	品名	单价	数量	金额
1	婚宴套餐	1 420.00	10.00	14 200.00
2	酒水	340.00	10.00	3 400.00
3	加工费	100.00	2.00	200.00
	合计			17 800.00

客户签字：杨阳

证表 7 –2

艾米亚酒店餐饮挂账单

日期：2014 年 6 月 28 日

服务员：张小梅

餐费	已交定金	挂　账
17 800	2 000	15 800
备注	婚宴套餐共 10 桌	
挂账金额	人民币（大写）壹万伍仟捌佰元整	

经办人：张小梅　　　　　　　　　　欠款人：杨阳

审批人：王丹

证表 7–3

辽宁省沈阳市地方税务局通用机打发票

记账联

发票代码　2101010101

发票号码　36890

开票日期　2014 – 6 – 28　　　行业分类　旅店业　　　类型单位

查询码	2101010101367890000	密码区	机打代码 2101010101
税控码	14253612421512		机打号码 36789
机器编号	2101010057723		
付款方名称	杨阳	付款方证件号码	
收款方名称	艾米亚酒店	收款方识别号	210212892012303
开具项目			
餐费			17 800
合计金额（大写）人民币壹万柒仟捌佰元整			17 800.00
备注		代码	21010110000

收款单位盖章：　　　　　　收款人：王丽　　　　　　开票人：张艳

第二联 记账联（收款方记账凭证）

证表 8–1

沈阳市国家税务局通用手工发票

发票联

发票代码：1210221321234

发票号码：030205111

付款单位：艾米亚酒店　　　　　　2014 年 6 月 29 日

项目内容	金额						备注
	千	百	十	元	角	分	
广告灯箱		2	0	0	0	0	
合计人民币（大写）　贰佰元整	¥	2	0	0	0	0	

收款单位名称：风和广告制作有限公司　　　　　　　　开票人：李明

收款单位税号：

第二联　发票联

证表 9 – 1

内部交款单（收款凭证）

2014 – 6 – 30   0165442

交款项目	摘要	交款金额								收讫印
		十	万	千	百	十	元	角	分	
餐饮收入	收回杨阳婚宴挂账款		1	5	8	0	0	0	0	
合计	人民币（大写）⊗拾壹万伍仟捌佰零拾零元零角零分									¥ 15 800.00

附单据　　张

合计主管（或审核）　　　　记账　　　　出纳　张宏　　　　交款人　王丽

证表 12 – 1

洗衣房 2014 年 6 月份结算单

序号	项目	数量	单价	金额
1	床单	200	2.5	500
2	被罩	200	3.5	700
3	浴巾	200	2	400
4	毛巾	257	1	257
5	浴袍	240	4	960
6	方巾	506	0.5	253
7	台布	150	2	300
	金额			¥ 3 370.00

洗衣房经办人　张力　　　　　　　酒店经办人　王芳
洗衣房店长　胡小丽　　　　　　　酒店负责人　李明

证表 15 - 1

盛京银行　电子缴税付款凭证

回单凭证

记账日期：2014 年 07 月 05 日　流水号：400123　　　　回单编号：201407050008811

纳税人全称和识别号：艾米亚酒店　　　　　　　　　　　　　210212892012303

*付款人户名：艾米亚酒店

*付款人账号：438357681070981　　　征收机关名称：沈阳市皇姑区地方税务局

付款人开户行：盛京银行营业部　　　收款国库（银行）名称：国家金库沈阳市皇姑区支库

金额（小写）：￥10 000.00　　　　缴款书交易流水号：57246702

金额（大写）：人民币壹万元整

凭证编号：221021140023039191

税（费）种名称	所属日期	实缴金额
营业税	2014 \ 06 \ 01 至 2014 \ 06 \ 30	￥10 000.00

第一次打印　　　记账员：D9911　　　　复核员：D9911　　　　打印柜员：

打印时间：2014 - 07 - 05　10：22：46　　　打印网点：0015901　　　验证码：27270204622

证表 15 - 2

盛京银行　电子缴税付款凭证

回单凭证

记账日期：2014 年 07 月 05 日　流水号：400124　　　　回单编号：201407050008812

纳税人全称和识别号：艾米亚酒店　　　　　　　　　　　　　210212892012303

*付款人户名：艾米亚酒店

*付款人账号：438357681070981　　　征收机关名称：沈阳市皇姑区地方税务局

付款人开户行：盛京银行营业部　　　收款国库（银行）名称：国家金库沈阳市皇姑区支库

金额（小写）：￥700.00　　　　缴款书交易流水号：57246703

金额（大写）：人民币柒佰元整

凭证编号：221021140023039192

税（费）种名称	所属日期	实缴金额
城建税	2014 \ 06 \ 01 至 2014 \ 06 \ 30	￥700.00

第一次打印　　　记账员：D9911　　　　复核员：D9911　　　　打印柜员：

打印时间：2014 - 07 - 05　10：22：46　　　打印网点：0015901　　　验证码：27270204622

证表 15－3

盛京银行　电子缴税付款凭证

回单凭证

记账日期：2014 年 07 月 05 日　流水号：400125

回单编号：201407050008813

纳税人全称和识别号：艾米亚酒店

210212892012303

＊付款人户名：艾米亚酒店

＊付款人账号：438357681070981　　征收机关名称：沈阳市皇姑区地方税务局

付款人开户行：盛京银行营业部　　　收款国库（银行）名称：国家金库沈阳市皇姑区支库

金额（小写）：￥300.00　　　　　　缴款书交易流水号：57246704

金额（大写）：人民币叁佰元整

凭证编号：221021140023039193

税（费）种名称	所属日期	实缴金额
教育费附加	2014 \ 06 \ 01 至 2014 \ 06 \ 30	￥300.00

第一次打印　　　记账员：D9911　　　复核员：D9911　　　打印柜员：

打印时间：2014－07－05　10：22：46　　打印网点：0015901　　验证码：27270204622

证表 15－4

盛京银行　电子缴税付款凭证

回单凭证

记账日期：2014 年 07 月 05 日　流水号：400126

回单编号：201407050008814

纳税人全称和识别号：艾米亚酒店

210212892012303

＊付款人户名：艾米亚酒店

＊付款人账号：438357681070981　　征收机关名称：沈阳市皇姑区地方税务局

付款人开户行：盛京银行营业部　　　收款国库（银行）名称：国家金库沈阳市皇姑区支库

金额（小写）：￥200.00　　　　　　缴款书交易流水号：57246705

金额（大写）：人民币贰佰元整

凭证编号：221021140023039193

税（费）种名称	所属日期	实缴金额
地方教育费附加	2014 \ 06 \ 01 至 2014 \ 06 \ 30	￥200.00

第一次打印　　　记账员：D9911　　　复核员：D9911　　　打印柜员：

打印时间：2014－07－05　10：22：46　　打印网点：0015901　　验证码：27270204622